김대리의 쉽게 뜨는
요즘 니트

DAILY & TRENDY KNIT DESIGNS

김대리의 쉽게 뜨는
요즘 니트

바늘이야기 김대리 지음

매일 입고 싶은 20가지 손뜨개 옷과 소품

웅진 리빙하우스

프롤로그

김대리의 마음을 사로잡은 '요즘 니트'를 소개합니다

뜨개질 회사 바늘이야기에 다니는 N년 차 대리, 김대리입니다. 저는 뜨개질을 연구하고 도안을 개발하는 일을 합니다. 그래서인지 사람들이 어떤 스웨터를 즐겨 입는지, 트렌드가 어디로 향하고 있는지를 유심히 들여다보는 게 저의 일상이지요.
'요즘 니트'는 어떤 모습일까요? 얼핏 화려한 무늬와 복잡한 디자인을 떠올리는 분도 있겠지만, 오히려 심플하면서도 모던한 디자인의 데일리 니트가 꾸준한 사랑을 받고 있습니다. 옷을 입었을 때의 핏도 빼놓을 수 없습니다. 같은 꽈배기 니트라도 기장과 사이즈에 따라 어떤 옷은 슬림 핏일 때 예쁘고, 어떤 옷은 스탠다드 핏일 때 멋이 사는 것처럼 말이지요.
두 번째로 출간한 이번 책에는 제가 생각한 '요즘 니트' 스타일 20가지를 엄선해 담았습니다. 카디건과 스웨터, 조끼 같은 옷을 비롯해 모자와 목도리, 장갑, 양말 같은 소품도 준비했습니다.
첫 책이 탑다운 니팅 기법에 집중하여 누구에게나 부담 없는 스웨터 뜨기에 도전하게 해주었다면, 이번 책에서는 탑다운뿐 아니라 바텀업, 브리오쉬 등 여러 기법을 접목해 보다 다양해진 김대리만의 니트 디자인을 만날 수 있습니다.
뜨는 방식이 어렵다면 김대리 스타일이 아니지요. 상세한 도안과 동영상을 보고 차근차근 따라 하다 보면, 어렵게만 다가왔던 바텀업 스웨터나, 꽈배기가 잔뜩 들어간 클래식한 목도리도 쉽게 완성할 수 있답니다.

코튼 3 반팔 탑다운 티

작품 뜨는 법 069쪽

필 에어 페루 브리오쉬
터틀넥 조끼

작품 뜨는 법 091쪽

세븐이지 탑다운
케이블 니트
작품 뜨는 법 099쪽

필 모헤어 수아 럭스 벌룬 탑다운 스웨터

작품 뜨는 법 085쪽

코튼 미니콘 바텀업 골지 민소매
작품 뜨는 법 115쪽

마제스틱 브리오쉬
니트 집업 카디건

작품 뜨는 법 147쪽

패션 아란 긴팔 카디건 세트

작품 뜨는 법 077쪽

필 가드닝 터틀넥 탑다운 스웨터
작품 뜨는 법 107쪽

드리프터 유니섹스 탑다운 셋업

작품 뜨는 법 132쪽

드리프터
베이직 조끼

작품 뜨는 법 125쪽

코튼 3 반팔 탑다운 카디건

작품 뜨는 법 157쪽

코튼 미니콘 꽈배기 바텀업 스웨터

작품 뜨는 법 163쪽

버터 6 꽈배기 니트 버킷햇

작품 뜨는 법 177쪽

새틴 메리노 울 클래식 아란 목도리

작품 뜨는 법 183쪽

필 소프트 손가락 장갑

작품 뜨는 법 187쪽

솔로 캐시미어 손모아 장갑

작품 뜨는 법 193쪽

필 소프트 브로큰립 양말

작품 뜨는 법 199쪽

차 례

PART 1 뜨개질을 시작하기 전에

- 030 도구 소개
- 033 실 준비하기
- 034 탑다운과 바텀업
- 036 게이지 이해하기
- 043 도안 읽기

PART 2 대바늘 손뜨개 기초 기법

- 046 01 | 코잡기
- 048 02 | 겉뜨기
- 049 03 | 안뜨기
- 050 04 | 코막음
- 051 05 | k2tog
- 052 06 | ssk
- 053 07 | kfb
- 054 08 | pfb
- 055 09 | M1L
- 056 10 | M1R
- 057 11 | M1L(안)
- 058 12 | M1R(안)
- 059 13 | 코에서 코줍기
- 061 14 | 단에서 코줍기
- 062 15 | 바늘비우기
- 063 16 | 1코 고무단 돗바늘 마무리
- 065 17 | 원통뜨기 및 매직 루프
- 065 18 | 소매 분리
- 065 19 | 컨티넨탈 뜨기 및 코 빠졌을 때 대처법

005 프롤로그. 김대리의 마음을 사로잡은 '요즘 니트'를 소개합니다
026 이 책을 읽는 방법

PART

3 매일 입고 싶은
니트 스웨터

069	**01** 코튼 3 반팔 탑다운 티	
077	**02** 패션 아란 긴팔 카디건 세트	
085	**03** 필 모헤어 수아 럭스 벌룬 탑다운 스웨터	
091	**04** 필 에어 페루 브리오쉬 터틀넥 조끼	
099	**05** 세븐이지 탑다운 케이블 니트	
107	**06** 필 가드닝 터틀넥 탑다운 스웨터	
115	**07** 코튼 미니콘 바텀업 골지 민소매	
125	**08** 드리프터 베이직 조끼	
132	**09** 드리프터 유니섹스 탑다운 셋업	
147	**10** 마제스틱 브리오쉬 니트 집업 카디건	
157	**11** 코튼 3 반팔 탑다운 카디건	
163	**12** 코튼 미니콘 꽈배기 바텀업 스웨터	

PART 4 매일 걸치고 싶은 니트 소품

- 177 **13** 버터 6 꽈배기 니트 버킷햇
- 183 **14** 새틴 메리노 울 클래식 아란 목도리
- 187 **15** 필 소프트 손가락 장갑
- 193 **16** 솔로 캐시미어 손모아 장갑
- 199 **17** 필 소프트 브로큰립 양말

- 205 **부록 1** 세븐이지 탑다운 케이블 니트 기호 도안(10세, M, 2XL 사이즈)
- 215 **부록 2** 코튼 미니콘 꽈배기 바텀업 스웨터 기호 도안(M, L 사이즈)

이 책을 읽는 방법

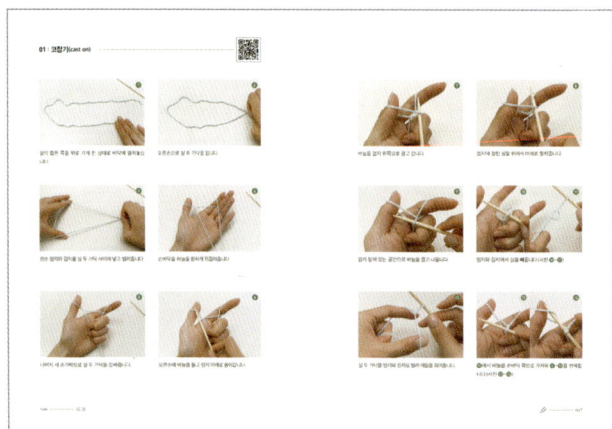

1. PART 2의 기초 기법을 충분히 숙지해 주세요.

2. 뜨고자 하는 작품을 고르세요.

3. '사이즈 가이드'를 읽고 원하는 사이즈를 고른 뒤, 도안에서 사이즈에 해당하는 콧수 또는 수치를 찾아 순서대로 작업합니다. 도안 좌측의 체크 박스에 표시하며 진행 상황을 파악하면 좋습니다.

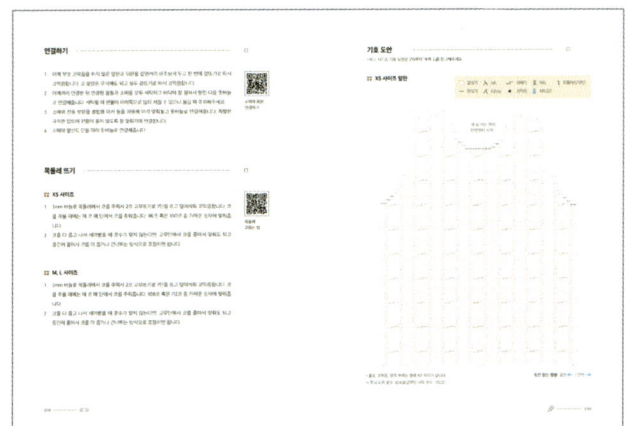

4. 세븐이지 탑다운 케이블 니트(99쪽)와 코튼 미니콘 꽈배기 바텀업 스웨터(163쪽)의 경우, 서술형 도안과 기호 도안을 함께 보면서 작업해주세요. 기호 도안은 선택한 사이즈만 보면 됩니다.

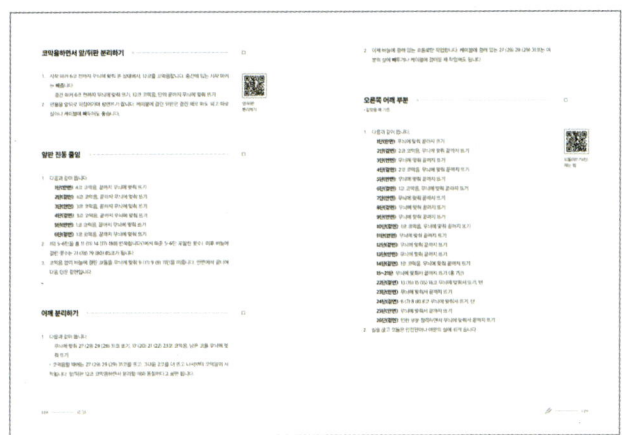

5. 이해를 돕기 위해 일부 기법들은 도안 좌측에 관련 영상의 QR 코드를 수록했으니 참고해주세요.

6. 도안 수정 사항 안내
   도안에 수정 사항이 있을 경우 우측 QR 코드에 등록된 링크에 오류 업데이트가 있을 예정입니다. 작품을 뜨다가 도안과 맞지 않아서 의문점이 생길 경우, 도안 오류 업데이트가 되어 있지는 않은지 체크 바랍니다.

> **QR 코드 읽는 법**
>
> 기본 카메라 앱을 실행하여 QR 코드를 찍으면 링크가 뜹니다.
> 기본 카메라 앱에서 스캔이 안 되는 경우에는 다음과 같이 시도해보세요.
> 네이버 앱 실행 ▶ 메인 화면 하단의 청록색 동그라미 클릭 ▶ 'QR 코드' 항목 클릭 ▶ QR 코드 스캔 ▶ 링크 접속

PART 1

뜨개질을 시작하기 전에

도구 소개

1. 뜨개질 필수 도구

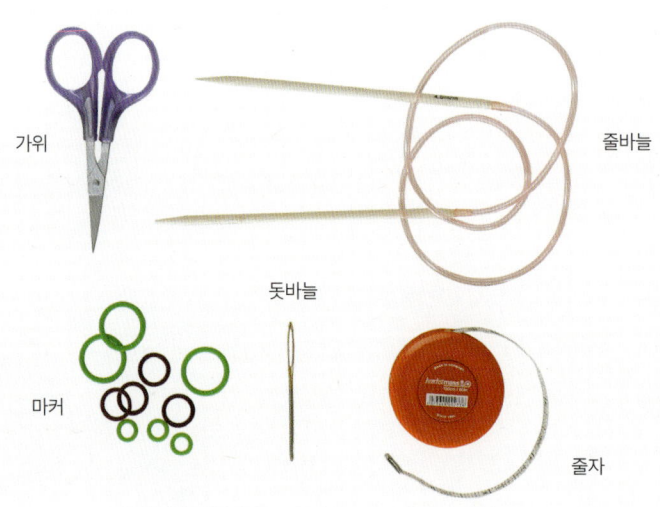

줄바늘

줄바늘은 바늘에 줄이 달린 바늘로, 콧수에 상관없이 두루두루 쓰기 좋습니다. 줄이 달려 있기 때문에 평면뜨기, 원통뜨기, 매직 루프에 모두 사용할 수 있습니다. 얇은 바늘은 500원부터 구매 가능하며 굵기가 굵을수록 가격이 비싸집니다. 아무리 비싸도 3,000원대에 구매할 수 있고, 어떤 실을 사용하는가에 따라 사이즈가 달라지기도 합니다. 일반적으로 많이 사용하는 사이즈는 3mm, 3.5mm, 4mm, 4.5mm, 5mm, 6mm입니다.

마커(콧수 표시링)

마커는 코를 구분할 때 꼭 필요한 도구입니다. 구비가 어려운 경우에는 빨대를 얇게 자른 것이나 자투리 실을 동그랗게 묶은 것으로 대체할 수 있습니다. 뜨개질할 때 사용 빈도가 높기 때문에 시중에 나온 제품을 쓰는 것을 추천합니다. 특히 바늘 굵기에 따라 사용 가능한 마커 크기가 달라지기도 하므로, 다양한 사이즈로 구성된 마커를 구매하면 좋습니다. 니트프로(Knitpro)의 콧수 표시링 제품이 가장 가볍고 저렴하여 사용하기에 좋습니다.

줄자

지금 뜨고 있는 편물의 사이즈를 확인하거나, 몸의 치수를 잴 때 꼭 필요한 도구입니다. 막대자로는 둘레를 재기가 어렵기 때문에 줄자를 쓰는 것이 좋습니다.

돗바늘

돗바늘은 일반 바느질용 바늘과 달리 끝이 뭉툭하고 바늘귀가 큰 것이 특징입니다. 돗바늘은 작품을 마무리할 때 꼬리실을 감추거나 편물끼리 이어줄 때 사용합니다.

가위

가위는 실을 자를 때 필수적인 도구입니다. 수예용 가위를 쓰면 실이 더욱 쉽게 잘려 편리합니다. 실을 자르는 가위는 종이를 자르는 가위와 분리하여 사용하는 것이 좋습니다. 종이를 자르는 가위는 날이 쉽게 상하기 때문에 가윗날이 뭉툭해지기 때문이지요. 저렴하면서도 잘 드는 바늘이야기(banul.co.kr)의 '투명 캡 가위' 제품을 추천합니다.

2. 있으면 편한 도구

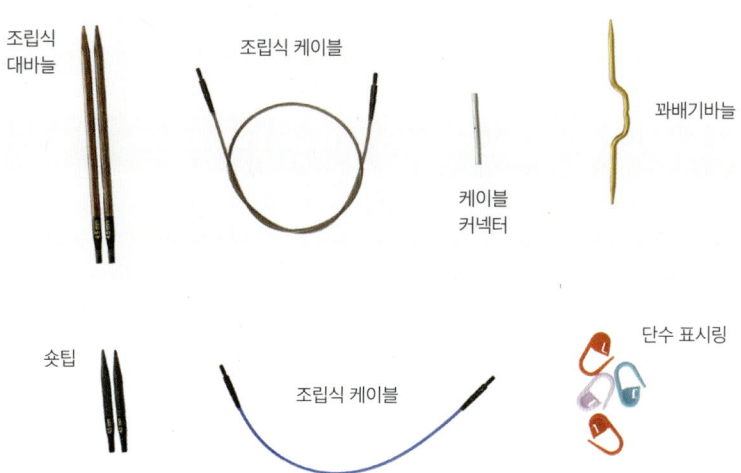

조립식 대바늘 및 케이블

조립식 대바늘과 케이블은 바늘과 줄을 조립해 사용하는 제품입니다. 줄바늘의 경우 필요한 줄의 길이와 바늘 굵기에 따라 여러 개를 구매해야 하는 번거로움이 있지만, 조립식 제품은 원하는 사이즈의 케이블과 바늘을 조립할 수 있어 편리합니다. 특히 조립식 바늘은 케이블의 두께가 얇아서 매직 루프를 하기에 더욱 용이합니다.

케이블 커넥터

케이블 커넥터는 조립식 바늘에 케이블을 연장할 때 사용하면 좋은 제품입니다. 특히 탑다운 스웨터의 경우 바늘에서 코를 옮겨 입어봐야 할 때가 있는데, 케이블 커넥터를 쓰면 케이블을 잠시 연장했다가 다시 분리하여 작업을 진행할 수 있습니다. 이외에도 담요같이 크고 넓은 작품을 뜰 때 기존 케이블 길이가 짧다면 케이블 커넥터로 케이블을 여러 개 연결할 수 있습니다.

꽈배기바늘

꽈배기바늘은 꽈배기 무늬를 넣을 때 코를 빼놓았다가 다시 뜨기 좋도록 임시로 코를 빼두는 전용 바늘입니다. 꽈배기바늘 없이도 무늬는 뜰 방법은 있기 때문에 필수품은 아니지만, 가지고 있으면 유용합니다.

단수 표시링

단수 표시링은 코바늘 뜨개질에서 주로 사용하지만, 대바늘 뜨개질에서도 단수를 셀 때 정확도를 높여주는 기능을 합니다. 예컨대, 단수 표시를 위해 V자 모양 코에 단수 표시링을 걸어두면 해당 지점부터 단수를 세기에 아주 용이합니다.

숏팁

숏팁은 바늘 길이와 케이블 길이가 모두 짧아, 소매나 손목 고무단, 목 고무단처럼 좁은 원통형 편물을 뜰 때 유용한 도구입니다. 매직 루프가 익숙하지 않은 분들은 숏팁을 활용하며 편하게 뜰 수 있습니다.

실 준비하기

TIP

- 실을 준비할 때에는 작품에 사용된 바늘 굵기를 확인한 다음, 그와 비슷한 굵기의 바늘을 권장하는 실을 선택하는 게 좋습니다. 예컨대, 권장 바늘이 4mm인 실을 권장 바늘이 7mm인 필 가드닝 실과 대체하기는 어렵습니다.
- 여름에는 주로 세탁이 쉬운 코튼과 리넨 혼방 실을, 겨울에는 동물성 섬유가 다량 함유된 따뜻한 실을 사용합니다.
- 아크릴이 적절히 혼방된 실을 사용하면 세탁 및 관리가 용이합니다.

❶ **필 모헤어 수아 럭스(Phil Mohair Soie Lurex)(1볼/25g)**
혼용률: 슈퍼키드 모헤어 70%, 실크 26%, 폴리에스테르 4%

❷ **새틴 메리노 울(Satin Merino Wool)(1볼/50g)**
혼용률: 엑스트라 파인 메리노 슈퍼워시 울 100%

❸ **필 코튼 3(Phil Coton 3)(1개/50g)**
혼용률: 실켓 가공 코튼 100%

❹ **코튼 미니콘(Cotton Mini Cone)(1콘/150g)**
혼용률: 코튼 100%

❺ **자라(Zara)(1개/50g)**
혼용률: 엑스트라 파인 메리노 슈퍼워시 울 100%

❻ **서틀 드리프터(Subtle Drifter)(1볼/100g)**
혼용률: 프리미엄 아크릴 69%, 코튼 25%, 울 6%

❼ **솔로 캐시미어(Solo Cashmere)(1볼/25g)**
혼용률: 캐시미어 100%

❽ **마제스틱(Majestic)(1볼/50g)**
혼용률: 슈퍼워시 울 50%, 프리미엄 아크릴 30%, 폴리아미드 20%

❾ **필 소프트 플러스(Phil Soft+)(1개/25g)**
혼용률: 울 63%, 알파카 27%, 폴리아미드 10%

❿ **패션 아란(Fashion Aran)(1볼/400g)**
혼용률: 프리미엄 아크릴 70%, 울 30%

⓫ **세븐이지(7-Easy)(1볼/80g)**
혼용률: 슈퍼워시 울 60%, 아크릴 40%

⓬ **버터 6(Butter 6)(1볼/100g)**
혼용률: 슈퍼소프트 아크릴 100%

⓭ **필 에어 페루(Phil Air Perou)(1볼/50g)**
혼용률: 알파카 70%, 폴리아미드 23%, 울 7%

⓮ **필 가드닝(Phil Gardening)(1볼/50g)**
혼용률: 아크릴 53%, 울 37%, 알파카 10%

탑다운과 바텀업

1. 탑다운 니팅(top-down knitting)

줄바늘이 발전함에 따라 원통뜨기를 주로 사용하게 되면서 탄생한 뜨개질 기법입니다. 탑다운 니팅이 있기 전에는 스웨터를 뜰 때 몸통과 소매 조각을 따로 떠서 이어줘야 했습니다(바텀업 니팅). 이러한 바텀업 니팅으로 스웨터를 뜨는 경우에는 꿰맬 부분이 많고 새로 디자인하려면 계산이 복잡해지기 때문에 뜨개질 실력이 중급 이상이 아니면 쉽게 도전하기 어려웠습니다.

반면, 탑다운 니팅은 목부터 아래로 한 번에 쭉 뜨기 때문에 꿰맬 부분이 거의 없고, 기장이나 사이즈 조절이 용이해서 초보자들도 쉽게 도전할 수 있습니다. 탑다운 니팅은 시간이 지나면서 다양한 방식이 많이 연구되어 바텀업 니팅과 비슷한 구조로 발전하고 있습니다.

2. 바텀업 니팅(bottom-up knitting)

줄바늘이 없어 평면뜨기를 주로 사용하던 시절부터 전해 내려오는 뜨개질 기법입니다. 소매와 몸판을 따로 뜨기 때문에, 패턴을 재단하여 옷을 만들 때처럼 상세한 제도와 다양한 형태로 제작할 수 있습니다. 옷판을 꿰매는 번거로움이 없는 탑다운 니팅이 유행하면서 인기가 많이 떨어졌지만, 바텀업 니팅으로만 구현할 수 있는 뜨개질 방식과 코의 방향 때문에 바텀업을 선호하는 니터들이 여전히 많습니다.

탑다운 니팅은 코의 모양이 ∧자 형태라면, 바텀업 니팅은 코의 모양이 ∨자 형태를 띕니다. 더불어, 탑다운 스웨터는 편물이 입체로 떠지기 때문에 대부분 도안이 서술형으로 구성되나, 바텀업 스웨터는 편물이 평면으로 떠지기 때문에 전체 도안을 기호로 표기할 수 있어 한눈에 도안을 파악하기 쉽습니다. 무엇보다 바텀업 스웨터는 탑다운 스웨터에서 구현하기 힘든 미세한 곡선 라인까지 조정이 가능하다는 장점이 있습니다.

게이지 이해하기

1. 게이지가 뭐에요?

게이지는 뜨개질을 시작하기에 앞서 꼭 알아야 하는 "사이즈 가이드"입니다.

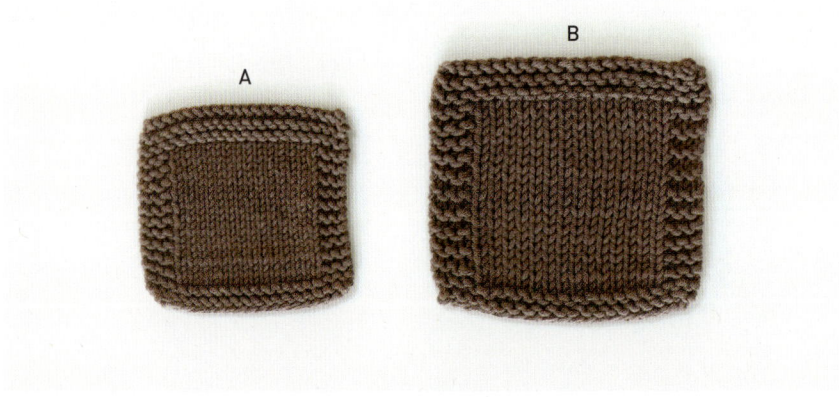

제시된 2개의 편물 조각은 서로 다른 두 사람 A와 B가 '같은 바늘, 같은 실'을 이용해 '같은 콧수와 같은 단수'를 뜬 것입니다. 일반적인 생각으로는 똑같은 조건으로 뜨면 똑같은 편물이 나와야 할 텐데 두 조각은 크기가 다릅니다. 왜 그럴까요?

바로 두 사람의 뜨는 힘이 달라서 그렇습니다. 사람마다 뜨는 힘이 다르기 때문에, 나오는 결과물의 크기도 달라지는 것이죠. 만일 이 두 사람이 게이지 측정과 계산을 하지 않은 상태에서 같은 실과 바늘을 이용해 같은 도안을 보고 옷을 뜨면, 한쪽은 아동복 사이즈가 나오고 다른 한쪽은 성인복 사이즈가 나오게 될 겁니다.

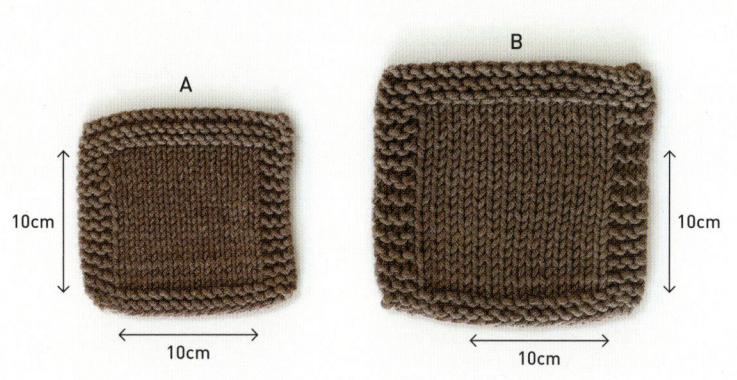

이 두 사람의 게이지를 측정해보도록 하겠습니다. A는 10cm 안에 12코, 18단이 들어가고 B는 10cm 안에 8코, 13.5단이 들어갑니다(v자 모양을 가로로 세면 코, 세로로 세면 단이 됩니다.). 이 말인즉, 폭이 10cm가 되는 목도리를 뜨려면 A는 12코를 떠야 하고 B는 8코만 떠도 됩니다. 만일 A와 B가 같은 도안(예컨대, "12코를 잡고 겉뜨기로 쭉 뜨세요")을 보고 목도리를 뜬다면, A는 폭이 10cm가 되는 목도리를, B는 10cm가 넘는 목도리를 뜨게 될 것입니다.

게이지는 가로세로 10cm 안에 몇 코, 몇 단이 들어가는지 측정하는 수치입니다. 즉, 콧수와 단수를 cm 단위로 환산하는 방법입니다. 10cm 안에 들어가는 콧수와 단수를 알면, 1cm 안에 들어가는 콧수와 단수도 소수점 단위로 알 수 있고, 이것을 원하는 길이(cm)에 곱하면 원하는 콧수와 단수도 얻을 수 있는 것이지요.

콧수와 단수는 절대적인 값이 아닙니다. 외부 요인에 따라 변하는 값입니다. 예를 들어, 앞의 사진처럼 똑같이 10코를 잡아도 굵은 실은 면적이 더 넓고, 얇은 실은 면적이 훨씬 좁아지죠. 그러니 "목도리를 뜨려고 하는데 몇 코 잡아야 할까요?"라는 질문은 성립하지 않습니다. 콧수는 뜨는 힘, 사용하는 바늘과 실에 따라 변할 수 있기 때문입니다. 그래서 항상 우리가 주목해야 할 것은 cm값입니다. cm값은 외부 요인에 의해 변하지 않는 고정된 수치이니까요.

앞에서 봤던 A와 B의 게이지로 돌아가보지요. A와 B가 폭이 20cm인 목도리를 뜨려면 각각 몇 코를 잡아야 할까요? A의 게이지는 10cm 안에 12코가 들어가 있고, B의 게이지는 10cm 안에 8코가 들어가 있습니다. 그러면 20cm 안에는 각각 24코와 16코가 들어가 있을 테니 24코와 16코를 잡으면 된답니다. 이처럼 같은 실, 같은 바늘을 사용하더라도 게이지에 따라 같은 치수를 만들기 위한 콧수가 달라집니다.

2. 게이지 공식

게이지 공식은 다음과 같습니다.

> - 콧수 = (1cm 게이지) × (cm값)
> - (cm값) = 콧수 ÷ (1cm 게이지)
> - 나의 게이지에 맞는 콧수(단수)
>   = 도안 콧수(단수) ÷ 도안 게이지 콧수(단수) × 나의 게이지 콧수(단수)
>
> * 비례식으로 표현하기
> 도안 게이지 : 도안 콧수 = 나의 게이지 : 나의 콧수

도안에 cm값이 나와 있지 않고, 오로지 콧수와 단수만 제시된 경우에도 게이지 계산이 가능합니다. 콧수는 [cm값 × 게이지]이므로 도안 속 콧수를 도안 게이지로 나누면 cm값을 산출할 수 있습니다. cm값을 알면 이제 내 게이지에 맞춰 다시 계산할 수 있게 됩니다.
공식이라고 해서 어려울 것은 없습니다. 간단한 곱셈, 나눗셈, 비례식만 알고 있으면 모든 도안에 적용하고 나만의 도안을 만들 수 있습니다. 처음에는 복잡한 수식처럼 느껴질 수 있어도, 한두 번 계산하다 보면 왜 이렇게 계산하는지 금세 이해될 겁니다.

3. 게이지 예제 풀어보기

10cm 안에 몇 코가 들어 있는지 알았으니, 1cm 안에 몇 코가 들어가는지도 쉽게 구할 수 있습니다. 만약 10cm 안에 12코가 들어간다면, 1cm안에는 1.2코가 들어가게 되는 것입니다. 단도 마찬가지입니다. 10cm 안에 13.5단이 들어간다면 1cm 안에는 1.35단이 들어가는 것이죠(소수점 둘째 자리까지). 1cm 안에 몇 코, 몇 단이 들어가는지 알았으니, 이제 원하는 cm값에 바로 곱해주기만 하면 됩니다. 쉬운 이해를 위해 몇 가지 예제를 풀어보도록 하겠습니다.

예제 1. 김대리의 게이지는 10cm×10cm 18코 20단입니다. 김대리는 모자를 뜨려고 합니다. 김대리의 머리둘레는 60cm입니다. 김대리는 몇 코를 잡아야 할까요? (머리둘레만큼 코를 잡아야 합니다.)

예제 2. 김대리의 게이지는 10cm×10cm 18코 20단입니다. 도안에는 다음과 같이 적혀 있습니다.
· 게이지: 25코 27단
· 설명: 100코를 잡고 8cm가 될 때까지 뜨세요.
이때 김대리의 게이지로 몇 코 몇 단을 떠야 할까요?

풀이 및 정답
예제 1) 1.8×60=108코 / 예제 2) 72코 16단

4. 게이지 조각 떠보기

이제 우리가 가진 실과 바늘을 이용하여 게이지 조각을 떠보도록 하겠습니다. 네모난 조각을 떠서 그 안에 몇 코 몇 단이 들어가는지 확인하는 작업이라고 생각하면 어렵지 않습니다. 게이지는 기본적으로 메리야스 무늬를 떠서 만듭니다(만일 꽈배기 무늬가 들어간 스웨터를 만든다면 꽈배기 무늬 게이지를 만들어야 합니다). 메리야스 무늬는 다음과 같이 ∨자 모양으로 이루어진 무늬입니다. 니트 옷에서 흔하게 접할 수 있는 형태이자, 대바늘 뜨개질에서 가장 기초가 되는 무늬입니다.

메리야스 무늬는 원통뜨기에서는 겉뜨기만으로 만들 수 있으며, 평면뜨기일 경우 겉뜨기 1단, 안뜨기 1단을 번갈아 떠서 만들 수 있습니다. 평면뜨기 메리야스 게이지를 측정해보도록 하겠습니다.

사용하려는 실의 띠지를 보면, 다음과 같은 부분을 발견할 수 있습니다.

띠지에 적힌 문구의 뜻은 "이 실은 10mm 바늘을 이용해 떴을 때 10cm 안에 10코(Stitches)와 14단(Rows)이 들어가는 게이지를 가지고 있습니다"입니다. 이때 이 게이지는 평균값이기 때문에, 직접 떠보면서 나만의 게이지를 측정해야 합니다. 이 실은 10mm 바늘을 이용했을 때 10cm 안에 10코가 나올 테니, 우리는 더 큰 조각을 떠서 10cm를 측정합니다. 넉넉하게 16코 정도를 잡아줍니다. 그래야 10cm를 원활하게 측정할 수 있으니까요. 만약 실에 띠지가 없는 경우, 10cm 이상을 뜰 만큼 넉넉하게 코를 잡아줍니다. 코를 적게 잡으면 정확한 측정이 어려우니 최대한 여유를 두는 것이 좋습니다.

충분하게 코를 잡고, 다음 서술형 도안을 보며 게이지를 떠줍니다.

1. 겉뜨기로 3단을 뜹니다.
2. 메리야스 부분 길이가 10cm 이상이 될 때까지 다음 1~2단을 반복합니다.
   - 1단: 겉뜨기 3코, 마지막 3코 남을 때까지 안뜨기, 겉뜨기 3코
   - 2단: 전부 겉뜨기
3. 겉뜨기 3단을 더 뜨고 코막음하여 마무리합니다.

이제 게이지가 완성되었습니다. 가로세로 10cm 안에 몇 코, 몇 단이 들어가는지 확인해주세요.

5. 게이지 조각 세탁하기

니트 소재의 의류는 세탁 전후로 사이즈가 차이 나는 경우가 많습니다. 그래서 게이지를 뜬 다음 세탁하고 치수를 재야, 도안에 적힌 견본품 치수대로 뜰 수 있습니다. 이때 중요한 포인트는, 내가 뜬 니트를 앞으로 어떻게 관리할지에 따라 게이지 세탁법을 결정해야 한다는 것입니다. 예컨대, 니트를 뜨고 나서 손빨래할 생각이라면 게이지 조각도 손빨래를, 세탁기 울 코스로 돌릴 생각이라면 게이지 조각도 똑같이 세탁해줍니다. 니트를 드라이클리닝 할 경우에도 울 세탁 1회는 필수입니다. 즉, 게이지 조각을 손빨래한 다음 게이지를 측정하고 이후부터 드라이클리닝으로 관리하면 됩니다.

게이지 조각을 손세탁하거나 세탁기에 돌리는 경우에는 반드시 블로킹을 한 상태에서 건조해야 합니다. 블로킹이란 여러 겹 접은 옷이나 요가 매트 등의 위에 편물을 깔아 평평하게 만든 뒤 시침핀을 꽂는 것을 의미합니다. 게이지 조각이 다 마르면 게이지 측정을 시작하면 됩니다.

6. 게이지 내고 나서 도안에 적용하기

- **도안상 게이지가 14코 17단, 나의 게이지는 12코 15단인 경우**
  도안보다 내가 느슨하게 뜬다는 것을 인지 ▶ 바늘 사이즈를 줄여서 게이지 조정
- **도안상 게이지가 14코 17단, 나의 게이지는 16코 20단인 경우**
  도안보다 내가 촘촘하게 뜬다는 것을 인지 ▶ 바늘 사이즈를 키워서 게이지 조정

"게이지를 낸다"라는 말은 일일이 계산하라는 뜻이 아닙니다. 도안의 게이지와 비교해보고, 나의 뜨개질 스타일이 도안과 얼마나 차이 나는지를 인지하고, 약간의 조정을 통해 도안과 비슷한 게이지로 맞춘 뒤 진행하면 됩니다. 게이지 계산은 필수는 아닙니다. 게이지가 어떤 개념인지 알고, 게이지 차이에 따른 결과물의 변화를 아는 것이 중요합니다.

만일 도안에 제시된 것과 굵기가 많이 차이 나는 실로 뜨려고 한다면, 게이지 계산을 해야 합니다. 실의 굵기 차이는 바늘 굵기나 힘을 조절하는 것만으로 해결될 문제가 아니기 때문입니다. 기본적으로 도안은 견본품을 뜬 실과 바늘에 맞는 비율에 맞게 고안되어 있습니다. 게이지를 계산해서 콧수는 어느 정도 조정할 수 있지만, 실마다 코와 단의 비율이 다르고 도안에 숨겨진 규칙이 있는 경우가 많기 때문에 계산상으로는 맞아도 전반적인 형태와 비율이 실제와 달라질 수 있습니다. 게이지 계산이 완벽하게 들어맞으려면 사선의 비율이나 편물의 장력 등 고려해야 할 요건들이 많습니다. 따라서, 도안에 제시된 것과 굵기 차이가 나는 실로 새로 뜰 때에는 견본품과 실제 완성품 사이에 어느 정도 비율 격차가 생길 수 있음을 알아두는 것이 좋습니다.

- **도안 게이지 계산 예시**
  도안상 게이지 14코 17단, 나의 게이지는 22코 28단인 경우
  ▶ "도안에서 30코를 잡는다(또는 떠준다)"라고 되어 있으면, [30코÷도안상 게이지 ×나의 게이지] 이렇게 계산했을 때 나의 게이지에 맞는 콧수가 나옵니다. 단수도 마찬가지로 산출하면 됩니다.

도안 읽기

1. 서술형 도안 읽는 법

서술형 도안은 순서대로 설명을 따라가며 읽어주면 됩니다. 예를 들어 [겉뜨기 10, 마커 넘기기, M1R, 마커까지 겉뜨기]라고 되어 있으면 문장 그대로 겉뜨기 10코를 뜨고, 마커를 만나면 마커를 넘기고, M1R를 하고, 마커까지 겉뜨기하는 식입니다.
얼핏 보기에 글이 길고 많아서 처음에 겁을 먹는 분들도 있을 겁니다. 너무 어렵게 생각하지 말고 글자 그대로 차근차근 읽다 보면 금방 완성할 수 있습니다.

2. 기호형 도안 읽는 법

기호 도안은 "겉면"을 기준으로 고안되어 있습니다. 뜨개질 편물은 겉면과 안면으로 나뉘는데, 말 그대로 작품의 바깥에 드러난 부분이 겉면이며 안쪽 부분이 안면입니다. 기호 도안에는 작품의 겉면에 나타나는 무늬를 표시해두기 때문에, 편물의 앞뒤를 뒤집으며 뜨는 평면뜨기를 할 경우 겉면에서는 도안상 무늬가 나오도록 기호대로 뜨고, 안면에서는 기호를 반대로 보면서 떠야 합니다.
기호 도안 보는 방법을 배우기 전에, 우선 겉뜨기와 안뜨기의 특성을 파악하는 것이 좋습니다. 예컨대, 현재 편물을 바라본 상태에서 겉뜨기를 하면, 눈앞에 보이는 면에는 ∨자 모양이 생기고 반대편에는 안뜨기 모양인 ―자 모양이 만들어집니다. 반대로, 현재 편물을 바라본 상태에서 안뜨기를 하면, 눈앞에 보이는 면에는 ―자 모양이 생기고 반대편에는 겉뜨기 모양인 ∨자 모양이 만들어집니다.
즉, 겉뜨기와 안뜨기는 서로 반대의 관계입니다. 니터의 시선을 기준으로, 편물의 반대편에 ∨자가 나오게 하려면 안뜨기를 하고, 편물의 반대편에서 ―자가 나오게 하려면 겉뜨기를 하는 식입니다. 만일 기호 도안에서 겉면의 반대편(안면)을 바라보고 뜨는 차례(짝수단)라면, 겉면 기준으로 도안처럼 무늬가 나와야 하기 때문에 도안상 기호의 반대로 떠줘야 합니다. 한마디로, 짝수단에서 '―'는 안뜨기 기호이지만 겉뜨기로, '□'는 겉뜨기 기호이지만 안뜨기로 떠줘야 반대편에 맞는 무늬가 나오게 되는 것입니다.
기호 도안을 볼 때에는 한 줄 한 줄 읽어 내려가기보다는 전체를 보면서 뜨는 게 좋습니다. 일반적으로 겉면에서 하나의 무늬가 만들어지면 안면에서는 그 무늬에 맞춰 뜨는 경우가 많습니다. "무늬에 맞춰 뜬다"라는 말은 곧, 현재 바라보는 면에서 내가 떠줄 코가 코 아래에 가로줄이 걸린 안뜨기 무늬이면 안뜨기하고, ∨자 모양인 겉뜨기 무늬이면 겉뜨기해서 무늬를 똑같이 맞춰주라는 의미로 이해하면 됩니다.

PART 2

대바늘 손뜨개 기초 기법

01 | 코잡기 (cast on)

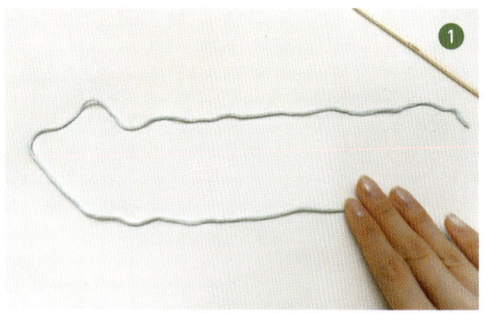

실의 짧은 쪽을 위로 가게 한 상태로 바닥에 펼쳐놓습니다.

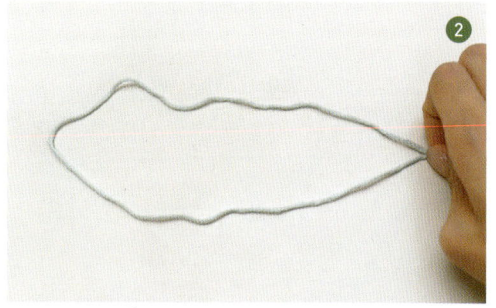

오른손으로 실 두 가닥을 쥡니다.

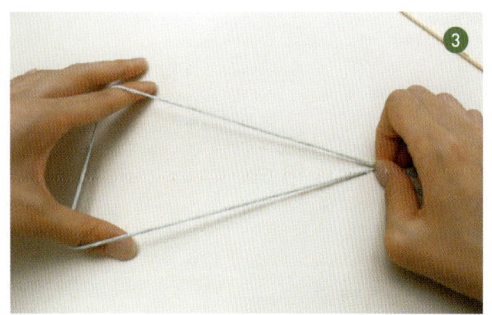

왼손 엄지와 검지를 실 두 가닥 사이에 넣고 벌려줍니다.

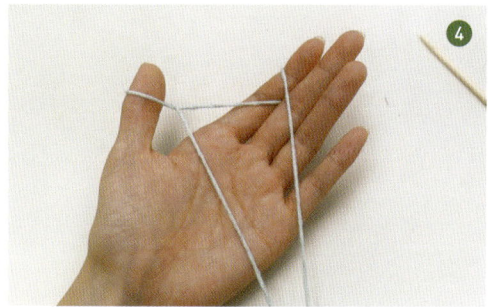

손바닥을 하늘을 향하게 뒤집어줍니다.

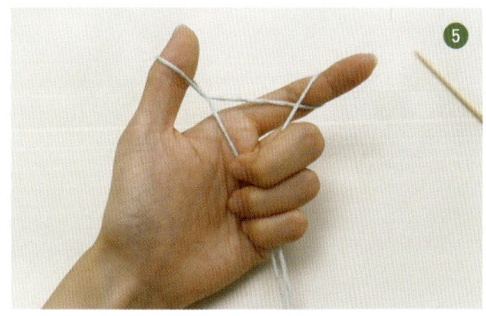

나머지 세 손가락으로 실 두 가닥을 감싸줍니다.

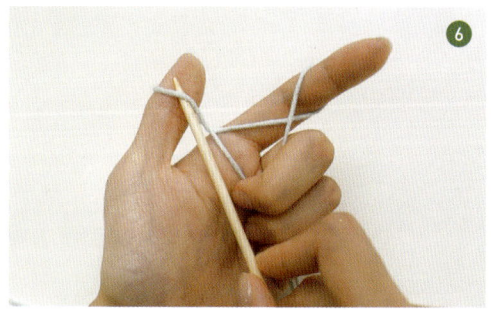

오른손에 바늘을 들고 엄지 아래로 들어갑니다.

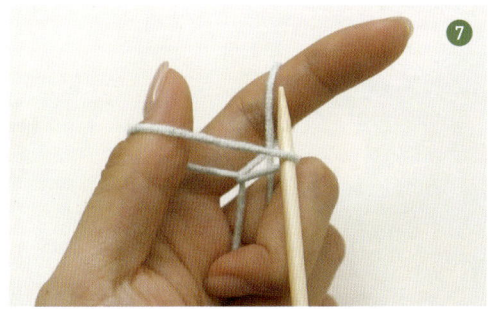

바늘을 검지 위쪽으로 끌고 갑니다.

검지에 걸린 실을 위에서 아래로 찔러줍니다.

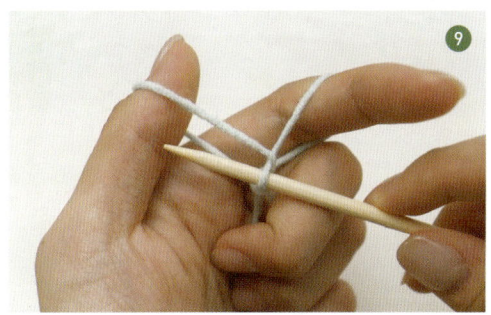

엄지 앞에 있는 공간으로 바늘을 끌고 나옵니다.

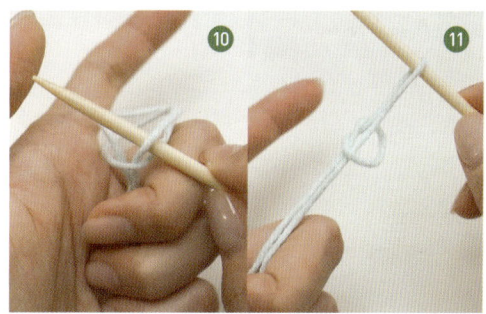

엄지와 검지에서 실을 빼줍니다.(사진 ⑩~⑪)

실 두 가닥을 엄지와 검지로 벌려 매듭을 죄어줍니다.

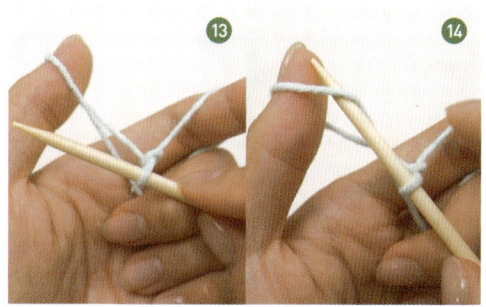

⑫에서 바늘을 손바닥 쪽으로 가져와 ⑥~⑫를 반복합니다.(사진 ⑬~⑭)

02 | 겉뜨기 (knit)

왼쪽 바늘에 걸린 코를 오른쪽 바늘을 이용해 찔러줍니다.

실뭉치와 연결된 실을 바늘 사이로 뒤에서 앞으로 가져옵니다.(사진 ❷~❸)

실이 걸린 상태에서 오른쪽 바늘을 코 바깥으로 끌고 나옵니다.(사진 ❹~❺)

왼쪽 바늘에서 코를 그대로 빼주면 겉뜨기 완성입니다.

03 | 안뜨기(purl)

실을 안쪽으로 가져온 상태에서 시작합니다(첫 코일 때에도 실이 편물 앞쪽에 있는 상태).

오른쪽 바늘을 사진과 같은 방향으로 찔러줍니다.

실을 사진처럼 오른쪽 바늘에 감싸줍니다.(사진 ③~④)

실이 걸린 상태에서 오른쪽 바늘을 코 바깥으로 끌고 나옵니다.(사진 ⑤~⑥)

왼쪽 바늘에서 코를 그대로 빼주면 안뜨기 완성입니다.

04 | 코막음(bind off)

코막음을 할 때에는 항상 오른쪽 바늘에 2코를 떠줍니다.

뒤에 있는 코를 앞에 있는 코 위로 덮어 씌워줍니다. (사진 ②~④)

④가 끝나면 오른쪽 바늘에 1코가 남으니, 1코를 더 떠서 2코를 만들어줍니다.

②~④를 반복합니다.(사진 ⑥~⑦)

05 | k2tog(코줄임)

2코를 한 번에 겉뜨기 방향으로 찔러줍니다.
(사진 ❶~❸)

겉뜨기합니다.(사진 ❹~❻)

완성.

06 | ssk (코줄임)

왼쪽 바늘에 걸려 있는 코를 겉뜨기 방향으로 오른쪽 바늘에 옮겨줍니다.(사진 ❶~❷)

그대로 다시 왼쪽 바늘로 코를 옮겨줍니다.

오른쪽 바늘로 2코를 한 번에 뒤로 찔러서 겉뜨기합니다.(사진 ❹~❻)

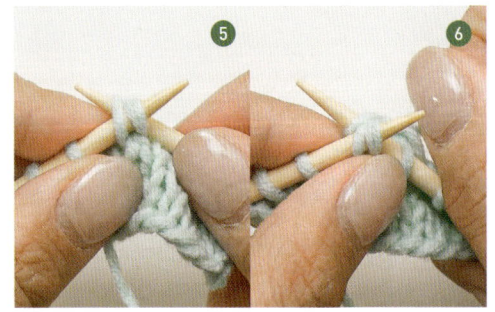

완성.

07 | kfb (겉뜨기 코늘림)

겉뜨기하듯이 떠주고 왼쪽 바늘에서 ❷와 같이 코를 빼지 않은 상태로 둡니다.(사진 ❶~❷)

오른쪽 바늘을 살짝 들어 올려줍니다.

왼쪽 바늘 뒷부분에 사진처럼 찔러줍니다.

겉뜨기하듯이 떠줍니다.

완성.

08 | pfb (안뜨기 코늘림)

안뜨기하듯이 떠주고, 왼쪽 바늘에서 코를 빼지 않은 상태로 둡니다.(사진 ❶~❸)

바늘을 살짝 벌려 왼쪽 바늘 뒤에 걸린 실을 확인합니다.

왼쪽 바늘 뒤에 걸린 실을 뒤에서 앞으로 사진처럼 찔러줍니다.

안뜨기하듯이 떠줍니다.(사진 ❻~❼)

완성.

09 | M1L (왼코 늘리기-겉뜨기)

코와 코 사이에 있는 가로줄을 확인합니다.

왼쪽 바늘을 이용해 코와 코 사이의 가로줄을 앞에서 뒤로 들어 올립니다.

오른쪽 바늘을 이용해 왼쪽 바늘에 걸린 실 뒤쪽으로 찔러줍니다.

겉뜨기하듯이 떠줍니다.(사진 ④~⑤)

완성.

10 | M1R(오른코 늘리기-겉뜨기)

코와 코 사이에 있는 가로줄을 확인합니다.

왼쪽 바늘을 이용해 코와 코 사이의 가로줄을 뒤에서 앞으로 들어 올립니다.

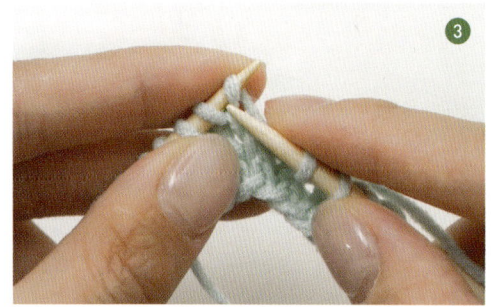

오른쪽 바늘을 이용해 왼쪽 바늘에 걸린 실 앞부분으로 찔러줍니다.(사진 ❸~❹)

겉뜨기하듯이 떠줍니다.

완성.

11 | M1L(안) (왼코 늘리기-안뜨기)

왼쪽 바늘을 이용해 코와 코 사이에 있는 가로줄을 뒤에서 앞으로 찔러줍니다.

왼쪽 바늘 앞쪽에 걸린 실을 오른쪽 바늘로 사진처럼 찔러줍니다.

안뜨기로 떠줍니다. (사진 ③~⑤)

완성.

- M1L(안), M1R(안)은 작가마다 설명하는 방식에 차이가 있습니다. 마커 기준의 설명인 경우 책 속 내용과 표기가 같고, 겉면 기준의 설명인 경우 표기가 이와 반대입니다. 둘 다 맞는 방식이며, 다른 도안에서 약어 설명을 보고 지시하는 대로 뜨면 됩니다.

12 | M1R(안) (오른코 늘리기-안뜨기)

왼쪽 바늘을 이용해 코와 코 사이에 있는 가로줄을 앞에서 뒤로 찔러줍니다.

왼쪽 바늘 뒤쪽에 걸린 실을 오른쪽 바늘로 사진처럼 찔러줍니다.

안뜨기로 떠줍니다.(사진 ❸~❺)

완성.

- M1L(안), M1R(안)은 작가마다 설명하는 방식에 차이가 있습니다. 마커 기준의 설명인 경우 책 속 내용과 표기가 같고, 겉면 기준의 설명인 경우 표기가 이와 반대입니다. 둘 다 맞는 방식이며, 다른 도안에서 약어 설명을 보고 지시하는 대로 뜨면 됩니다.

13 | 코에서 코줍기 (picking up stitches)

코가 들어갈 자리를 확인합니다. ∨자 모양에서 줍거나 ∧자 모양에서 줍습니다.

단의 가장 끝부분 ∨자 혹은 ∧자 자리에 찔러줍니다. (사진 ②~③)

실을 걸어줍니다.

편물 밖으로 실을 끌고 나옵니다.

1코 줍기 완성.

다음 코도 모양을 보고 ∨자 모양으로 주웠으면 ∨자, ∧자 모양으로 주웠으면 ∧자에 찔러줍니다.
(사진 ❼~❽)

겉뜨기를 하듯이 실을 감아 끌고 나옵니다.
(사진 ❾~⓫)

코에서 코를 줍고 떠준 모습입니다.

14 | 단에서 코줍기 (picking up stitches)

단에서 코를 주울 때에는 ∨자 모양 사이에 찔러 줍습니다. 단의 가장자리보다는 반 코 안쪽으로 줍는 것이 안정적입니다.

∨자 모양 1개마다 1코씩 줍고, 도안에서 지시한 대로 건너뜁니다. 도안과 게이지 비율 차이에 따라 몇 코 줍고 1코를 건너뛰는지는 다릅니다.(사진 ❷~❻)

단에서 코를 줍고 떠준 모습입니다.

061

15 | 바늘비우기(yarn over)

오른쪽 바늘에 실을 한 번 걸쳐주는 동작을 바늘비우기라고 합니다.

실을 뒤에서 앞으로 감아 오른쪽 바늘에 걸쳐줍니다.(사진 ❷~❹)

바늘비우기 완성.

- **주의 사항**

  다음 코를 겉뜨기로 뜨는 동작은 바늘비우기 동작에 포함되지 않습니다. 바늘비우기는 바늘 위에 실을 걸쳐주는 행위만을 뜻합니다.

16 | 1코 고무단 돗바늘 마무리(tubular bind off)

실을 길게 잘라 남기고 돗바늘에 실을 연결해줍니다. 고무단 시작 2코에 안뜨기 방향으로 찔러서 돗바늘을 빼줍니다.

첫 번째 코에 겉뜨기 방향으로 찔러서 코를 빼줍니다.(사진 ②~④)

두 번째 코 모양을 봤을 때 겉뜨기 모양이면 돗바늘을 안뜨기 방향으로 찔러서 나옵니다.

첫 번째 코도 마찬가지로 안뜨기 방향으로 찔러서 코를 빼줍니다.(사진 ⑥~⑦)

두 번째 코 모양이 안뜨기 모양이면 코와 코 사이로 한 번 나옵니다.

두 번째 코 모양이 안뜨기코일 때는 겉뜨기 방향으로 찔러서 뒤로 나옵니다.

첫 번째 코도 마찬가지로 겉뜨기 방향으로 찔러서 코를 빼줍니다. 다음부터는 두 번째 코 모양을 보고 ❺~❿을 반복해줍니다.

17 | 원통뜨기 및 매직 루프

❶ 원통뜨기 시작하기

❷ 원통뜨기 마무리하기

❸ 매직 루프(magic loop)

18 | 소매 분리

19 | 컨티넨탈 뜨기 및 코 빠졌을 때 대처법

❶ 컨티넨탈 뜨기

❷ 코 빠졌을 때 대처법

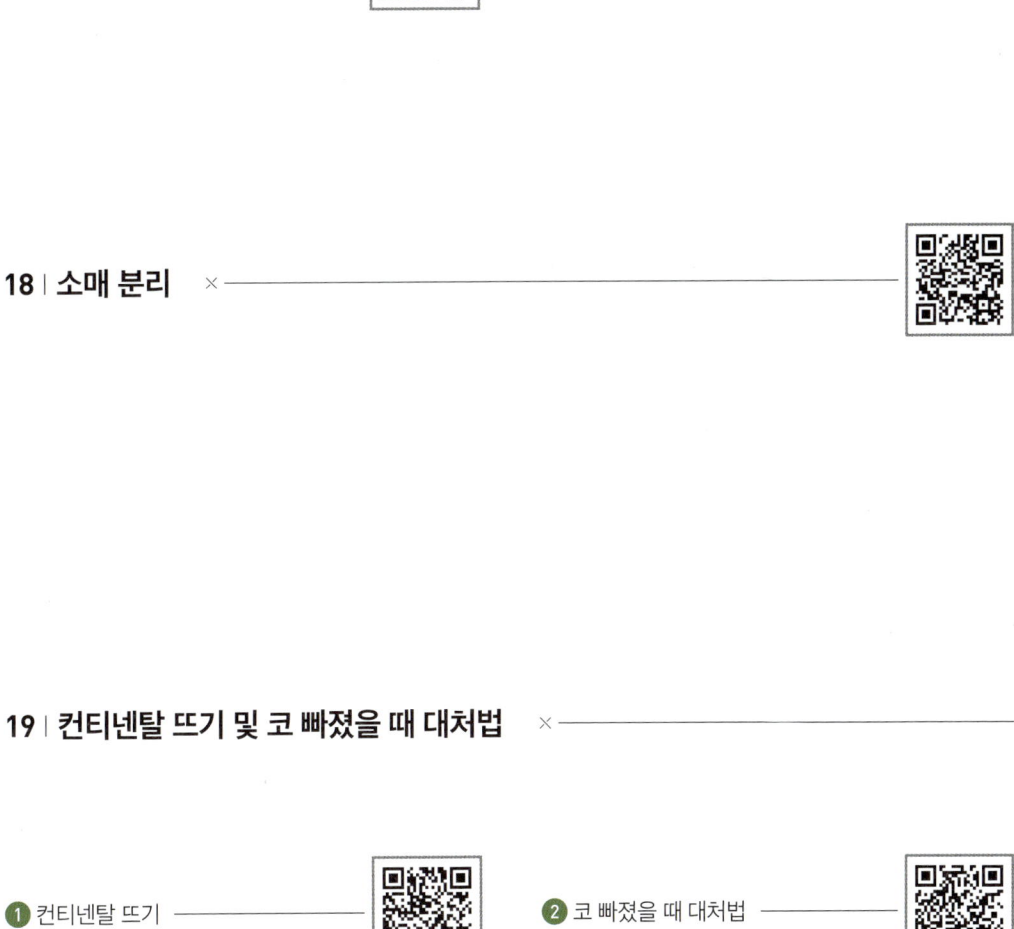

PART

3

매일 입고 싶은 니트 스웨터

01 코튼 3 반팔 탑다운 티 … 난이도

02 패션 아란 긴팔 카디건 세트 … 난이도

03 필 모헤어 수아 럭스 벌룬 탑다운 스웨터 … 난이도

04 필 에어 페루 브리오쉬 터틀넥 조끼 … 난이도

05 세븐이지 탑다운 케이블 니트 … 난이도

06 필 가드닝 터틀넥 탑다운 스웨터 … 난이도

07 코튼 미니콘 바텀업 골지 민소매 … 난이도

08 드리프터 베이직 조끼 … 난이도

09 드리프터 유니섹스 탑다운 셋업 … 난이도

10 마제스틱 브리오쉬 니트 집업 카디건 … 난이도

11 코튼 3 반팔 탑다운 카디건 … 난이도

12 코튼 미니콘 꽈배기 바텀업 스웨터 … 난이도

01

코튼 3
반팔 탑다운 티

사이즈 XS (S) M (L) XL (2XL)
가슴둘레 89 (95) 100 (106) 110 (116)cm
옷 길이 42 (44) 46 (58) 50 (52)cm
게이지 4mm 메리야스 편물 10cm×10cm 22코 32단
사용 바늘 대바늘 3.5mm, 4mm / 케이블 40cm, 80cm
 (*소매 부분은 매직 루프나 숏팁으로 뜨기)
실 소요량 필 코튼 3 5 (5) 6 (6) 7 (8)볼

×

인터넷 쇼핑을 하다 보면
이런 스타일의 반팔 니트를 쉽게 찾아볼 수 있다.
2코 고무단이 들어간, 거기다 시접으로 안뜨기 라인까지
들어간 옷들 말이다. 안뜨기 라인을 본 순간
이건 안 뜨고는 배길 수가 없어서 떠본 작품이다.

> **요약 설명**

코튼 3 반팔 탑다운 티는 2코 고무뜨기 고무단부터 시작하여 되돌아뜨기(턴)로 목 뒷부분과 목 앞부분의 단차를 만들어주며 시작합니다. 래글런 스타일의 기본형 탑다운 스웨터이며, 모든 고무단을 2코 고무뜨기로 처리하여 신축성이 좋습니다. 소매를 길게 뜨면 긴팔로도 변형이 가능합니다.

> **사이즈 가이드**

해당 작품은 XS (S) M (L) XL (2XL) 사이즈로 제작되었습니다. 모델 착용 사이즈는 XS이며, 실제 가슴둘레보다 5~10cm 여유 있게 나온 디자인입니다. 평소에 입던 사이즈대로 선택하시면 몸에 붙지 않게 편하게 입으실 수 있습니다.

코잡기

XS, S, M 사이즈

1. 40cm 케이블을 연결한 3.5mm 바늘에 112코를 원형으로 잡고 2코 고무뜨기(겉뜨기 2, 안뜨기 2 반복)로 4cm 될 때까지 떠줍니다.
2. 시작 마커를 빼고 겉뜨기 1코를 뜬 뒤 다시 시작 마커를 걸어 시작 마커를 겉뜨기 2코 중간으로 옮겨줍니다.
3. 4mm 바늘로 바꾸고 시작 마커로 돌아올 때까지 안뜨기로 1단을 뜨며 다음과 같이 마커를 걸어 코를 구분해줍니다.

    안뜨기 19코(오른쪽 뒤판), 마커 걸기, 안뜨기 2코(래글런), 마커 걸기, 안뜨기 14코(오른쪽 소매), 마커 걸기, 안뜨기 2코(래글런), 마커 걸기, 안뜨기 38코(앞판), 마커 걸기, 안뜨기 2코(래글런), 마커 걸기, 안뜨기 14코(왼쪽 소매), 마커 걸기, 안뜨기 2코(래글런), 마커 걸기, 안뜨기 19코(왼쪽 앞판), 시작 마커

    * 오른쪽과 왼쪽은 입었을 때 기준입니다.

L, XL, 2XL 사이즈

1. 40cm 케이블을 연결한 3.5mm 바늘에 120코를 원형으로 잡고 2코 고무뜨기(겉뜨기 2, 안뜨기 2 반복)로 4cm 될 때까지 떠줍니다.
2. 시작 마커를 빼고 겉뜨기 1코를 뜬 뒤 다시 시작 마커를 걸어 시작 마커를 겉뜨기 2코 중간으로 옮겨줍니다.

3. 4mm 바늘로 바꾸고 시작 마커로 돌아올 때까지 안뜨기로 1단을 뜨며 다음과 같이 마커를 걸어 코를 구분해줍니다.

    안뜨기 19코(오른쪽 뒤판), 마커 걸기, 안뜨기 2코(래글런), 마커 걸기, 안뜨기 18코(오른쪽 소매), 마커 걸기, 안뜨기 2코(래글런), 마커 걸기, 안뜨기 38코(앞판), 마커 걸기, 안뜨기 2코(래글런), 마커 걸기, 안뜨기 18코(왼쪽 소매), 마커 걸기, 안뜨기 2코(래글런), 마커 걸기, 안뜨기 19코(왼쪽 앞판), 시작 마커

    * 오른쪽과 왼쪽은 입었을 때 기준입니다.

목 쉐이핑

목 쉐이핑은 되돌아뜨기(턴) 기법을 이용하여 뒷목이 앞목보다 더 올라와 있도록 만들어주는 작업입니다. 다음 순서대로 뜨면 됩니다.

되돌아뜨기(턴) 하는 법

1. 오른쪽 뒤판 겉뜨기, M1R, 마커 넘기기, 겉뜨기 2(래글런), 마커 넘기기, M1L, 오른쪽 소매 겉뜨기, M1R, 마커 넘기기, 겉뜨기 2(래글런), 마커 넘기기, M1L, 겉뜨기 3, 턴
2. 시작 마커까지 안뜨기
3. 왼쪽 뒤판 안뜨기, M1R(안), 마커 넘기기, 안뜨기 2(래글런), 마커 넘기기, M1L(안), 왼쪽 소매 안뜨기, M1R(안), 마커 넘기기, 안뜨기 2(래글런), 마커 넘기기, M1L(안), 안뜨기 3, 턴
4. 시작 마커까지 겉뜨기
5. 오른쪽 뒤판 겉뜨기, M1R, 마커 넘기기, 겉뜨기 2(래글런), 마커 넘기기, M1L, 오른쪽 소매 겉뜨기, M1R, 마커 넘기기, 겉뜨기 2(래글런), 마커 넘기기, M1L, 턴한 부분까지 겉뜨기, 턴한 부분 한 번에 겉뜨기, 겉뜨기 3, 턴
6. 시작 마커까지 안뜨기
7. 왼쪽 뒤판 안뜨기, M1R(안), 마커 넘기기, 안뜨기 2(래글런), 마커 넘기기, M1L(안), 왼쪽 소매 안뜨기, M1R(안), 마커 넘기기, 안뜨기 2(래글런), 마커 넘기기, M1L(안), 턴한 부분까지 안뜨기, 턴한 부분 한 번에 안뜨기, 안뜨기 3, 턴
8. 시작 마커까지 겉뜨기
9. 오른쪽 뒤판 겉뜨기, M1R, 마커 넘기기, 겉뜨기 2(래글런), 마커 넘기기, M1L, 오른쪽 소매 겉뜨기, M1R, 마커 넘기기, 겉뜨기 2(래글런), 마커 넘기기, M1L, 턴한 부분까지 겉뜨기, 턴한 부분 한 번에 겉뜨기, 겉뜨기 4, 턴
10. 시작 마커까지 안뜨기
11. 왼쪽 뒤판 안뜨기, M1R(안), 마커 넘기기, 안뜨기 2(래글런), 마커 넘기기, M1L(안), 왼쪽 소매

안뜨기, M1R(안), 마커 넘기기, 안뜨기 2(래글런), 마커 넘기기, M1L(안), 턴한 부분까지 안뜨기, 턴한 부분 한 번에 안뜨기, 안뜨기 4, 턴

12. 시작 마커까지 겉뜨기
13. 오른쪽 뒤판 겉뜨기, M1R, 마커 넘기기, 겉뜨기 2(래글런), 마커 넘기기, M1L, 오른쪽 소매 겉뜨기, M1R, 마커 넘기기, 겉뜨기 2(래글런), 마커 넘기기, M1L, 턴한 부분까지 겉뜨기, 턴한 부분 한 번에 겉뜨기, 겉뜨기 5, 턴
14. 시작 마커까지 안뜨기
15. 왼쪽 뒤판 안뜨기, M1R(안), 마커 넘기기, 안뜨기 2(래글런), 마커 넘기기, M1L(안), 왼쪽 소매 안뜨기, M1R(안), 마커 넘기기, 안뜨기 2(래글런), 마커 넘기기, M1L(안), 턴한 부분까지 안뜨기, 턴한 부분 한 번에 안뜨기, 안뜨기 5, 턴
16. 시작 마커까지 겉뜨기

앞목 쉐이핑이 끝나면 다음 콧수에 도달하게 됩니다.

- 순서: 오른쪽 뒤판/래글런/오른쪽 소매/래글런/앞판/래글런/왼쪽 소매/래글런/왼쪽 뒤판/
- **XS, S, M**: 23/2/22/2/46/2/22/2/23/
- **L, XL, 2XL**: 23/2/26/2/46/2/26/2/23/
  * / 모양은 마커 위치입니다.

래글런 늘림

1. 다음과 같이 2단마다 한 번씩 래글런 2코 양쪽에서만 코늘림을 하며 떠줍니다. 중간에 콧수가 많아지면 80cm 케이블로 바꿔서 작업합니다.
   1단: 마커까지 겉뜨기(오른쪽 뒤판), M1R, 마커 넘기기, 2코 겉뜨기(래글런), 마커 넘기기, M1L, 마커까지 겉뜨기(오른쪽 소매), M1R, 마커 넘기기, 2코 겉뜨기(래글런), 마커 넘기기, M1L, 마커까지 겉뜨기(앞판), M1R, 마커 넘기기, 2코 겉뜨기(래글런), 마커 넘기기, M1L, 마커까지 겉뜨기(왼쪽 소매), M1R, 마커 넘기기, 2코 겉뜨기(래글런), 마커 넘기기, M1L, 시작 마커까지 겉뜨기(왼쪽 뒤판)
   2단: 시작 마커까지 겉뜨기
2. 1의 1~2단을 계속 반복하여 사이즈별로 다음 콧수에 도달할 때까지 떠줍니다.
   - 순서: 오른쪽 뒤판/래글런/오른쪽 소매/래글런/앞판/래글런/왼쪽 소매/래글런/왼쪽 뒤판/
   - **XS**: 45/2/66/2/90/2/66/2/45/
   - **S**: 48/2/72/2/96/2/72/2/48/
   - **M**: 51/2/78/2/102/2/78/2/51/

- **L**: 54/2/88/2/108/2/88/2/54/
- **XL**: 57/2/94/2/114/2/94/2/57/
- **2XL**: 60/2/100/2/120/2/100/2/60/
  * / 모양은 마커 위치입니다.
  ** 소매 부분 콧수 기준으로 세면 편합니다.

소매 분리 및 몸통 뜨기

1. 다음과 같이 몸통과 소매를 분리해줍니다. 래글런 2코 중 1코는 몸통, 1코는 소매로 갑니다.
   마커까지 겉뜨기(오른쪽 뒤판), 마커 빼기, 겉뜨기 1, [래글런 1코+오른쪽 소매+래글런 1코] 여분의 실이나 케이블에 빼서 쉬게 두기(*중간에 있는 마커들은 빼기), 감아코 8코 만들기, 겉뜨기 1, 마커 빼기, 마커까지 겉뜨기(앞판), 마커 빼기, 겉뜨기 1, [래글런 1코+왼쪽 소매+래글런 1코] 여분의 실이나 케이블에 빼서 쉬게 두기(*중간에 있는 마커들은 빼기), 감아코 8코 만들기, 겉뜨기 1, 마커 빼기, 시작 마커까지 겉뜨기
2. 감아코를 만들어준 부분에서부터 18 (20) 22 (24) 26 (28)cm가 될 때까지 겉뜨기로 떠줍니다(원하는 길이만큼 뜨셔도 됩니다).
3. 몸통을 다 떴으면 3.5mm 바늘로 바꾼 뒤, 2코 고무뜨기(겉뜨기 2, 안뜨기 2)로 8cm가 될 때까지 뜨고, 겉뜨기는 겉뜨기대로, 안뜨기는 안뜨기대로 떠서 코막음하여 마무리합니다.

소매 뜨기

XS, M, XL 사이즈

1. 4mm 바늘에 쉬게 둔 코들을 다시 끼우고, 감아코 부분에서 8코를 주워줍니다.
2. 시작 마커를 걸고 감아코를 만들어준 부분에서부터 6cm(혹은 원하는 길이)가 될 때까지 겉뜨기로 떠줍니다.
3. 3.5mm 바늘로 바꾼 뒤 2코 고무뜨기(겉뜨기 2, 안뜨기 2)로 5cm가 될 때까지 뜨고, 겉뜨기는 겉뜨기대로, 안뜨기는 안뜨기대로 떠서 코막음하여 마무리합니다.

S, L, 2XL 사이즈

1. 4mm 바늘에 쉬게 둔 코들을 다시 끼우고, 감아코 부분에서 8코를 주워줍니다.
2. 시작 마커를 걸고 감아코를 만들어준 부분에서부터 6cm(혹은 원하는 길이)가 될 때까지 겉뜨기로 떠줍니다.
3. 3.5mm 바늘로 바꾼 뒤 다음과 같이 2코를 줄이며 한 단을 떠줍니다.
   겉뜨기 1, 2코 한 번에 겉뜨기, 마지막 3코 남을 때까지 겉뜨기, 2코 한 번에 겉뜨기, 겉뜨기 1
   ▶ 최종 2코 감소
4. 2코 고무뜨기(겉뜨기 2, 안뜨기 2)로 5cm가 될 때까지 뜨고 겉뜨기는 겉뜨기대로, 안뜨기는 안뜨기대로 떠서 코막음하여 마무리합니다.

02

패션 아란
긴팔 카디건 세트

사이즈 XS (S) M (L) XL (2XL) 3XL

가슴둘레
· 카디건: 98 (101) 103 (109) 112 (116) 121cm
· 슬리브리스: 70 (72) 75 (77) 80 (82) 85cm

옷 길이
· 카디건: 57 (58) 58 (57) 59 (59) 60 cm
· 슬리브리스: 33cm (*모든 사이즈 동일)

게이지 5mm 메리야스 편물 10cm×10cm 17코 25단

사용 바늘 대바늘 4.5mm, 5mm / 케이블 80cm
(*소매 부분은 매직 루프나 숏팁으로 뜨기)

실 소요량 패션 아란 2볼
(*모든 사이즈 동일 / 카디건 및 슬리브리스 제작 가능)

바늘이야기에 입사한 지 1년쯤 되었을까. 주문 실수로 내 머리통보다 큰 패션 아란 실을 박스 한가득 떠안게 되었다. 우스꽝스러울 정도로 큰 실을 아기처럼 안고 거울 앞에서 찍은 셀카 사진과 함께 "주문 실수로 저렴한 가격에 판매합니다"라고 인스타그램에 올렸더니, 100개가 넘는 댓글이 달린 것도 모자라 3분 만에 실이 매진됐다. 나에게는 사연 많고 애착도 깊은 실이다. 실이 통통하고 굵어서 뜨기가 쉬워 초보자에게 추천한다.

이 옷은 패션 아란 2볼로 알차게 뜰 수 있는 셋업 스타일 니트이다. 기본 래글런 방식으로 초보자가 도전하기 좋고, 약간 오버사이즈 핏이라 아무 때나 툭툭 걸치기 좋다. 슬리브리스는 어깨끈 부분을 더블 니팅으로 따로 마감하는데, 뜨는 방식이 색달라서 소소하게 기법을 배워볼 수 있다.

요약 설명

패션 아란 긴팔 카디건은 기본 래글런 스타일의 카디건입니다. 브이넥 늘림과 래글런 늘림을 동시에 진행하며 시작합니다. 버튼 밴드는 가장 마지막에 뜨게 되고, 버튼 밴드를 뜨면서 단춧구멍을 만들어줍니다.

사이즈 가이드

해당 작품은 XS (S) M (L) XL (2XL) 3XL 사이즈로 제작되었습니다. 모델 착용 사이즈는 카디건은 S, 슬리브리스는 XS입니다. 카디건은 실제 가슴둘레보다 5~10cm 여유 있게 나온 디자인이며, 슬리브리스는 몸에 딱 맞게 디자인되었습니다. 슬리브리스는 몸에 딱 맞지 않으면 속옷이 보일 수 있기 때문에, 본인의 가슴둘레와 같거나 그보다 조금 작은 사이즈를 선택하면 좋습니다.

패션 아란 탑다운 카디건

코잡기

5mm 바늘에 다음과 같이 마커를 걸어 콧수를 구분하여 잡아줍니다.

- **XS, S, M**: 2(앞판)/1(래글런)/2(소매)/1(래글런)/28(뒤판)/1(래글런)/2(소매)/1(래글런)/2(앞판)
  ▶ 총 40코
- **L, XL, 2XL, 3XL**: 2(앞판)/1(래글런)/4(소매)/1(래글런)/32(뒤판)/1(래글런)/4(소매)/1(래글런)/2(앞판) ▶ 총 48코

   * / 모양은 마커 위치입니다.

래글런 늘림과 앞판 늘림

1. 코를 잡은 후 다음과 같이 뜹니다.
   1단: 안뜨기
   2단(래글런 늘림): 마커까지 겉뜨기(앞판), M1R, 마커 넘기기, 겉뜨기 1(래글런), 마커 넘기기, M1L, 마커까지 겉뜨기(소매), M1R, 마커 넘기기, 겉뜨기 1(래글런), 마커 넘기기, M1L, 마커까지 겉뜨기(뒤판), M1R, 마커 넘기기, 겉뜨기 1(래글런), 마커 넘기기, M1L, 마커까지 겉뜨기(소매), M1R, 마커 넘기기, 겉뜨기 1(래글런), 마커 넘기기, M1L, 끝까지 겉뜨기(앞판)
   3단: 안뜨기
   4단(래글런 늘림+앞판 늘림): 겉뜨기 2, M1L, 마커까지 겉뜨기(앞판), M1R, 마커 넘기기, 겉뜨기 1(래글런), 마커 넘기기, M1L, 마커까지 겉뜨기(소매), M1R, 마커 넘기기, 겉뜨기 1(래글런), 마커 넘기기, M1L, 마커까지 겉뜨기(뒤판), M1R, 마커 넘기기, 겉뜨기 1(래글런), 마커 넘기기, M1L, 마커까지 겉뜨기(소매), M1R, 마커 넘기기, 겉뜨기 1(래글런), 마커 넘기기, M1L, 마지막 2코 남을 때까지 겉뜨기, M1R, 겉뜨기 2

2. 1의 1~4단을 XS, S, M 사이즈는 11회, L, XL, 2XL, 3XL 사이즈는 12회 반복하며 다음 콧수에 도달할 때까지 떠줍니다.
   - **XS, S, M**: 35(앞판)/1(래글런)/46(소매)/1(래글런)/72(뒤판)/1(래글런)/46(소매)/1(래글런)/35(앞판)
   - **L, XL, 2XL, 3XL**: 38(앞판)/1(래글런)/52(소매)/1(래글런)/80(뒤판)/1(래글런)/52(소매)/1(래글런)/38(앞판)
   * / 모양은 마커 위치입니다.

래글런 늘림

1. 이제 앞판은 늘리지 않고 다음과 같이 뜨면서 래글런 코 양쪽에서 늘림만 반복합니다.
   1단(안면): 안뜨기
   2단(겉면, 래글런 늘림): 마커까지 겉뜨기(앞판), M1R, 마커 넘기기, 겉뜨기 1(래글런), 마커 넘기기, M1L, 마커까지 겉뜨기(소매), M1R, 마커 넘기기, 겉뜨기 1(래글런), 마커 넘기기, M1L, 마커까지 겉뜨기(뒤판), M1R, 마커 넘기기, 겉뜨기 1(래글런), 마커 넘기기, M1L, 마커까지 겉뜨기(소매), M1R, 마커 넘기기, 겉뜨기 1(래글런), 마커 넘기기, M1L, 끝까지 겉뜨기(앞판)

2. 1의 1~2단을 총 2 (3) 4 (3) 4 (5) 7회 반복하며 사이즈별로 다음 콧수에 도달할 때까지 떠줍니다.
    - **XS**: 37(앞판)/1(래글런)/50(소매)/1(래글런)/76(뒤판)/1(래글런)/50(소매)/1(래글런)/37(앞판)
    - **S**: 38(앞판)/1(래글런)/52(소매)/1(래글런)/78(뒤판)/1(래글런)/52(소매)/1(래글런)/38(앞판)
    - **M**: 39(앞판)/1(래글런)/54(소매)/1(래글런)/80(뒤판)/1(래글런)/54(소매)/1(래글런)/39(앞판)
    - **L**: 41(앞판)/1(래글런)/58(소매)/1(래글런)/86(뒤판)/1(래글런)/58(소매)/1(래글런)/41(앞판)
    - **XL**: 42(앞판)/1(래글런)/60(소매)/1(래글런)/88(뒤판)/1(래글런)/60(소매)/1(래글런)/42(앞판)
    - **2XL**: 43(앞판)/1(래글런)/62(소매)/1(래글런)/90(뒤판)/1(래글런)/62(소매)/1(래글런)/43(앞판)
    - **3XL**: 45(앞판)/1(래글런)/66(소매)/1(래글런)/94(뒤판)/1(래글런)/66(소매)/1(래글런)/45(앞판)
    * / 모양은 마커 위치입니다.

소매 분리

1. 앞의 콧수에 도달하면 안뜨기로 1단을 뜨고 겉면을 바라본 상태에서 다음과 같이 소매를 분리합니다. 소매를 분리하면서 중간에 있는 마커는 전부 빼주세요.
    앞판 모두 겉뜨기, [래글런 1코+소매+래글런 1코]를 자투리 실이나 여분의 케이블에 빼두기, 감아코 6 (6) 6 (6) 6 (8) 8코 만들기, 뒤판 모두 겉뜨기, [래글런 1코+소매+래글런 1코]를 자투리 실이나 여분의 케이블에 빼두기, 감아코 6 (6) 6 (6) 6 (8) 8코 만들기, 앞판 모두 겉뜨기
2. 바늘에 162 (166) 170 (180) 184 (192) 200코가 걸려 있습니다. 감아코를 만들어준 부분부터 26 (25) 25 (23) 23 (21) 21cm가 될 때까지 메리야스뜨기(겉뜨기 1단, 안뜨기 1단 반복)를 합니다. 안뜨기까지 뜨고 겉면에서 고무단을 시작합니다. 4.5mm 바늘로 바꿔 작업합니다.
    고무단 1단(겉면): 겉뜨기 2, 마지막 4코 남을 때까지 [안뜨기 1, 겉뜨기 1] 반복, 2코 한 번에 안뜨기, 겉뜨기 2
    고무단 2단(안면): 안뜨기 2, 마지막 3코 남을 때까지 [겉뜨기 1, 안뜨기 1] 반복, 겉뜨기 1, 안뜨기 2
3. 이제 겉면에서 바라봤을 때 양쪽 2코가 겉뜨기로 시작하고 끝나는 1코 고무뜨기 규칙으로 세팅되었습니다. 코 모양에 맞추어(∨자엔 겉뜨기, ―자엔 안뜨기) 6cm가 될 때까지 뜨고 1코 고무단 돗바늘 마무리 혹은 일반 코막음으로 마무리합니다.

소매 뜨기

1. 쉬게 둔 소매 코를 다시 바늘에 끼우고, 감아코 부분에서 6 (6) 6 (6) 6 (8) 8코를 주워줍니다.
2. 시작 마커를 걸고 원통뜨기로 소매를 뜹니다. 감아코를 만들어준 부분부터 44cm(혹은 원하는 길이)가 될 때까지 겉뜨기로 떠줍니다.
3. 4.5mm 바늘로 바꿔 [겉뜨기 2, k2tog]를 단이 끝날 때까지 반복하여 코를 줄여줍니다(딱 떨어지게 끝나지 않습니다).
4. 1코 고무뜨기로 3cm를 뜨고 1코 고무단 돗바늘 마무리 혹은 일반 코막음으로 마무리합니다. 콧수가 홀수라 고무뜨기 규칙이 맞지 않을 땐 마지막 2코를 한 번에 안뜨기로 떠서 맞춰줍니다.

버튼 밴드 뜨기

1. 버튼 밴드를 뜨기 전, 단추 달 곳의 맞은편에 클립형 마커로 미리 단춧구멍을 만들 위치를 표시합니다. 단추 개수는 5~6개가 적당합니다.
2. 버튼 밴드는 4.5mm 바늘을 이용해 겉면을 바라보고 고무단 끝부분에서부터 시작합니다. 가장자리 부분에서 매 코 매 단 주워줍니다.
   * 동영상에서는 건너서 코를 줍지만, 이 도안으로 뜰 때에는 건너지 않고 보이는 부분마다 코를 전부 줍습니다.
3. 코를 전부 줍고 나면 1코 고무뜨기로 뜨되, 안쪽 면을 바라보고 뜨게 되기 때문에 안뜨기 1로 시작하여 안뜨기 1로 끝나는 1코 고무뜨기 규칙을 따릅니다. 마지막에 안뜨기 2로 끝나도 괜찮습니다. 코 모양에 맞춰서 총 3단을 뜹니다.
4. 그다음 단을 뜨다가 마커로 표시해둔 곳에서 안뜨기할 차례가 오면 [바늘비우기, 2코 한 번에 겉뜨기]로 떠서 지나갑니다. 코 모양에 맞춰 4단을 추가로 뜹니다(바늘비우기 부분은 겉뜨기 해줍니다).
5. 1코 고무단 돗바늘 마무리 혹은 일반 코막음으로 마무리합니다.

버튼 밴드 뜨기

마무리

바느질용 바늘로 단춧구멍 맞은편에 단추를 달고 돗바늘로 꼬리실을 정리하여 마무리합니다.

패션 아란 탑다운 슬리브리스

코잡기

1. 5mm 바늘에 다음과 같이 마커를 걸며 총 120 (124) 128 (132) 136 (140) 144코를 잡아줍니다.
   60 (62) 64 (66) 68 (70) 72코 코잡기, 중간 마커 걸기, 60 (62) 64 (66) 68 (70) 72코 코잡기, 시작 마커 걸기
2. 코를 잡은 뒤 원통뜨기로 시작합니다. 1코 고무단(겉뜨기 1, 안뜨기 1 반복)으로 7단을 뜹니다.
3. 바늘을 바꾸지 않고 5mm 바늘로 작업하며, 겉뜨기로 24cm(고무단 제외)가 될 때까지 떠줍니다. 짧은 기장 기준이며 긴 기장을 원하는 분들은 더 떠주어도 좋습니다.
4. 다음과 같이 앞판을 뜹니다.
   시작 마커 넘기기, 겉뜨기 2, 코막음(오른쪽 바늘 2코 중 뒤에 있는 코를 앞에 있는 코에 덮어 씌우기), 겉뜨기 1, 코막음, 겉뜨기 1, 코막음, 중간 마커까지 겉뜨기, 중간 마커 넘기기, 겉뜨기 2, 코막음, 겉뜨기 1, 코막음, 겉뜨기 1, 코막음, ssk, 마지막 3코 남을 때까지 겉뜨기, k2tog, 겉뜨기 1
5. 시작 마커 넘기고 처음 코막음한 부분은 코가 막혀 있으므로 떠지지 않고 케이블에 걸린 채로 뜹니다. 바늘에 걸려 있는 부분은 55 (57) 59 (61) 63 (65) 67코, 케이블에 걸려 있는 부분은 57 (59) 61 (63) 65 (67) 69코입니다.(*한쪽은 줄임까지 해줬기 때문에 반대편보다 2코가 적습니다.)
6. 편물을 뒤집어 뜨는 실이 나오고 있는 코를 왼쪽 바늘 끝으로 몰아준 뒤, 안면을 바라본 상태에서 오른쪽 바늘로 안뜨기를 1단 떠줍니다.
7. 이제 평면뜨기를 합니다. 목도리 뜨듯이 앞뒤로 뒤집어가며 다음 1~2단을 뜹니다.
   1단: 겉뜨기 1, ssk, 마지막 3코 남을 때까지 겉뜨기, k2tog, 겉뜨기 1
   2단: 안뜨기
8. 7의 1~2단을 총 8회 반복하여, 39 (41) 43 (45) 47 (49) 51코가 될 때까지 코를 양쪽에서 줄여줍니다.
9. 다음과 같이 뜹니다.
   1단: 겉뜨기 2, 마지막 1코 남을 때까지 [안뜨기 1, 겉뜨기 1] 반복, 겉뜨기 1
   2단: 안뜨기 2, 마지막 1코 남을 때까지 [겉뜨기 1, 안뜨기 1] 반복, 안뜨기 1
10. 9의 1~2단을 총 2회 반복한 뒤 코막음합니다. 일반 코막음이나 1코 고무단 돗바늘 마무리 모두 괜찮습니다.
11. 이제 케이블에 걸려 있는 코들로 작업합니다. 겉면을 바라본 상태에서 왼쪽 바늘 끝으로 코를 몰아준 뒤 오른쪽 바늘을 이용해 새 실을 걸어 뜨개질을 시작합니다. 다음과 같이 뜹니다.

1단: 겉뜨기 1, ssk, 마지막 3코 남을 때까지 겉뜨기, k2tog, 겉뜨기 1

2단: 안뜨기

12. 11의 1~2단을 총 9회 반복하여 39 (41) 43 (45) 47 (49) 51코가 될 때까지 코를 양쪽에서 줄여줍니다.

13. 다음과 같이 뜹니다.

    1단: 겉뜨기 2, 마지막 1코 남을 때까지 [안뜨기 1, 겉뜨기 1] 반복, 겉뜨기 1

    2단: 안뜨기 2, 마지막 1코 남을 때까지 [겉뜨기 1, 안뜨기 1] 반복, 안뜨기 1

14. 13의 1~2단을 총 2회 반복한 뒤 코막음합니다. 일반 코막음이나 1코 고무단 돗바늘 마무리 모두 괜찮습니다.

어깨끈 뜨기

어깨끈 뜨기

1. 꼬리실을 모두 정리한 뒤, 겨드랑이 부분에서 새 실을 걸어줍니다. 실의 짧은 부분을 이용해 매 코 매 단 코를 주워줍니다.

2. 감아코로 7코를 만든 뒤, 다음과 같이 더블 니팅으로 뜹니다.

    1단(안쪽 방향): 마지막 1코 남을 때까지 [겉뜨기1, 실 앞으로 가져온 상태에서 안뜨기 방향으로 1코 거르기, 코 아래에 실이 지나가도록 실 뒤로 보내기] 반복, 마지막 코와 겨드랑이에서 주워준 코 한 번에 뒤로 찔러 겉뜨기, 편물 뒤집기

    2단(바깥쪽 방향): 마지막 1코 남을 때까지 [실 앞으로 가져온 상태에서 안뜨기 방향으로 1코 거르기, 코 아래에 실이 지나가도록 실 뒤로 보내기, 겉뜨기 1] 반복, 실 앞으로 가져온 상태에서 안뜨기 방향으로 1코 거르기, 코 아래에 실이 지나가도록 실 뒤로 보내기, 편물 뒤집기

3. 겨드랑이 부분에서 주워준 코를 다 뜰 때까지 2의 1~2단을 반복합니다.

4. 더블 니팅 패턴대로 20cm를 떠준 뒤 실을 20cm 남기고 자르고 돗바늘로 꿰매어 이어줍니다. 반대편 어깨끈도 동일한 방식으로 작업합니다.

03

**필 모헤어 수아 럭스
벌룬 탑다운 스웨터**

사이즈 XS (S) M (L) XL
가슴둘레 96 (102) 108 (112) 118cm
옷 길이 50 (52) 53 (54) 56cm
게이지 5.5mm 메리야스 편물 10cm×10cm 17코 25단
사용 바늘 조립식 대바늘 5.5mm / 케이블 40cm, 80cm
실 소요량 필 모헤어 수아 럭스 7 (8) 8 (8) 9볼

×

목 파임, 뒷목 세움도 없는 기본 중의 기본인 디자인이지만 예쁜 걸 어떡하나.
뜨개질을 하다 보면 자꾸 어려운 기법도 시도해보고 싶고 여러 무늬도 넣고 싶어진다.
하지만 가끔은 이렇게 큰 노력을 들이지 않고도 흠잡을 곳 없는 작품이 나올 때면
복잡한 게 다 무슨 소용인가 싶다.
역시 세상은 단순하게 살아갈 때 가장 아름답나 보다.

요약 설명

필 모헤어 수아 럭스 벌룬 탑다운 스웨터는 목 뒷부분과 목 앞부분의 단차가 없는 기본형 탑다운 스웨터입니다. 난이도가 매우 낮기 때문에 처음 옷을 뜨는 분들께 추천드립니다. 래글런 스타일로, 옷의 늘림을 통해 탑다운 방식의 옷이 어떻게 만들어지는지 쉽게 배워볼 수 있습니다.

사이즈 가이드

해당 작품은 XS (S) M (L) XL 사이즈로 제작되었습니다. 모델 착용 사이즈는 L이며, 실제 가슴둘레보다 5~10cm 여유 있게 나온 디자인입니다. 평소에 입던 사이즈대로 선택하거나, 조금 큰 사이즈를 선택하여 벌룬 스타일의 디자인을 극대화해보시는 것도 좋습니다.

목 부분 뜨기

1. 실 두 겹을 잡아 40cm 케이블을 연결한 5.5mm 대바늘에 일반 코잡기로 88 (92) 100 (100) 104코를 원형으로 잡고 시작 마커를 걸어줍니다.
2. 1코 고무뜨기(겉뜨기 1, 안뜨기 1)로 3cm를 떠줍니다.

어깨 부분 뜨기

1. 다음과 같이 1~3단을 뜹니다.

    1단: 겉뜨기 13 (14) 16 (16) 17코, 마커 걸기, 겉뜨기 31 (32) 34 (34) 35코, 마커 걸기, 겉뜨기 13 (14) 16 (16) 17코, 마커 걸기, 겉뜨기 31 (32) 34 (34) 35코, 시작 마커

    TIP 마지막에 만나는 마커는 이미 걸려 있는 시작 마커가 됩니다. 시작 마커는 다른 마커들과 구분되도록 다른 색상으로 걸어줍니다.

    TIP 이때 마커를 기준으로 13 (14) 16 (16) 17코는 소매, 31 (32) 34 (34) 35코는 몸통 부분이 됩니다.

    2단: 시작 마커 넘기기, kfb, 마커 1코 전까지 겉뜨기, kfb, 마커 넘기기, kfb, 마커 1코 전까지 겉뜨기, kfb, 마커 넘기기, kfb, 마커 1코 전까지 겉뜨기, kfb, 마커 넘기기, kfb, 마커 1코 전까지 겉뜨기, kfb

    TIP 마커가 총 4개이므로, 마커 양옆으로 1코씩 늘리면 한 단에서 최종 8코가 늘어납니다.

TIP 단의 첫 코 옆에도 마커가 있으니, 첫 코부터 kfb로 늘리면 됩니다. 이제 마커를 만날 때마다 마커 기준으로 양옆 코를 늘려주면 됩니다. 이번 단의 마지막 코 옆에도 마커가 있으니 마지막 코도 kfb로 늘려줍니다.

3단: 겉뜨기

2. 소매 부분의 콧수가 52 (54) 56 (60) 63코가 될 때까지 1의 2~3단을 반복합니다(중간에 80cm 케이블로 바꿔도 좋습니다).
3. 코늘림을 완료한 뒤, 사이즈별로 총 콧수를 확인해주세요.
   - XS: 51/69/51/69/ ▶ 총 240코
   - S: 54/72/54/72/ ▶ 총 252코
   - M: 56/74/56/74/ ▶ 총 260코
   - L: 60/78/60/78/ ▶ 총 276코
   - XL: 63/81/63/81/ ▶ 총 288코
     * / 모양은 마커 위치입니다.

소매 분리

1. 여분의 케이블과 마감 캡 혹은 자투리 실과 돗바늘을 준비합니다.
2. 소매 부분의 코를 케이블이나 자투리 실에 옮겨두고, 몸통 먼저 진행합니다. 다음과 같이 코를 옮겨 소매를 분리해줍니다. 시작 마커를 제외한 모든 마커는 빼도 좋습니다.
   51 (54) 56 (60) 63코(소매) 옮겨두기, 감아코 14코 만들기, 겉뜨기 69 (72) 74 (78) 81코(몸통), 51 (54) 56 (60) 63코(소매) 옮겨두기, 감아코 14코 만들기, 겉뜨기 69 (72) 74 (78) 81코(몸통)
3. 다시 시작 마커 부분으로 돌아온 상태입니다. 이제 바늘에는 166 (172) 176 (184) 190코가 걸려 있습니다. 바늘에 걸린 코들이 몸통 부분이 됩니다.

몸통 뜨기

1. 목부터 몸통까지의 길이가 41 (43) 43 (46) 46cm가 될 때까지 겉뜨기합니다. 입어보면서 원하는 길이만큼 떠주셔도 됩니다.
2. [겉뜨기 7, 2코 한 번에 겉뜨기]를 단이 끝날 때까지 반복합니다. 단이 끝나기 전에 4 (1) 5 (4) 1코가 남게 되는데, 이 코들은 겉뜨기하면 됩니다.
3. 1코 고무뜨기(겉뜨기 1, 안뜨기 1)로 6cm를 뜹니다. 고무단 첫 단이 겉뜨기로 끝나는 경우, 마지막 2코를 한 번에 안뜨기해서 [겉뜨기 1, 안뜨기 1] 규칙을 맞춰줍니다. 첫 단에서 규칙을 맞춘 뒤에는 계속 [겉뜨기 1, 안뜨기 1]만 반복합니다.
4. 겉뜨기는 겉뜨기대로, 안뜨기는 안뜨기대로 떠서 코막음합니다.

소매 뜨기

1. 새 실을 잡아 감아코 14코를 만들어준 부분에서 총 14코를 주워줍니다.
2. 쉬게 두었던 소매 부분의 51 (54) 56 (60) 63코를 5.5mm 바늘에 끼워 겉뜨기합니다. 겉뜨기가 끝나면 마커를 걸어 소매단 시작 부분을 표시합니다.
3. 이제 바늘에는 65 (68) 70 (74) 77코가 걸려 있습니다. 감아코 위치(암홀 아랫부분)부터 27cm가 될 때까지 겉뜨기합니다.

소매 코줄임 및 고무단 뜨기

1. 소매의 볼륨을 주기 위해 고무단을 뜨기 전에 코를 반으로 줄여줍니다. 마지막 1 (0) 0 (0) 1코가 남을 때까지 2코를 한 번에 겉뜨기합니다. 이때 콧수가 줄어들기 때문에 숏팁 바늘 또는 장갑 바늘을 이용하거나, 긴 줄바늘로 매직 루프 기법을 적용해 뜨면 됩니다.
2. 1코 고무뜨기(겉뜨기 1, 안뜨기 1)로 4cm를 떠줍니다. 고무단 첫 단이 겉뜨기로 끝나는 경우 마지막 2코를 한 번에 안뜨기해서 [겉뜨기 1, 안뜨기 1] 규칙을 맞춰줍니다. 첫 단에서 규칙을 맞춘 뒤에는 계속 [겉뜨기 1, 안뜨기 1]만 반복합니다.
3. 겉뜨기는 겉뜨기대로, 안뜨기는 안뜨기대로 코막음합니다. 느슨하게 코막음해야 팔이 조이지 않습니다.
4. 반대쪽 소매도 똑같이 떠줍니다.

마무리

남는 실을 다 정리해주고, 겨드랑이 부분의 구멍도 돗바늘로 실을 연결하여 잘 오므려줍니다.

04

필 에어 페루 브리오쉬 터틀넥 조끼

사이즈 XS (S) M (L) XL (2XL) 3XL
가슴 단면 40 (43) 45 (48) 50 (53) 55cm
옷 길이 58 (58) 60 (60) 62 (62) 64cm (*고무단 끝부분에서부터의 길이)
게이지 5mm 브리오쉬 편물 10cm×10cm 14~16코 20단
사용 바늘 대바늘 5mm / 케이블 80cm
　　　　　(*목둘레에서 40cm 케이블 사용)
실 소요량 필 에어 페루 4 (5) 5 (5) 6 (6) 6볼

×

브리오쉬 뜨기의 첫 시작은 마제스틱 브리오쉬 집업 카디건이었다.
언제나 그렇듯 소매 분리를 하고 나니 옷을 거의 다 완성했다는 생각이 들었다.
그렇게 이상한 여유로움에 휩싸인 채, 상대적으로 금방 완성할 것 같은 이 조끼에 손을 댔다.
늘림도 간단하고 실이 굵어서인지 편물도 쑥쑥 자라나서 정말로 금방 완성했다.
다시 마제스틱 브리오쉬 집업 카디건으로 돌아가기 싫을 정도였다.
정말이지, 브리오쉬 뜨기는 애증의 기법이다!

> 요약 설명

필 에어 페루 브리오쉬 터틀넥 조끼는 탑다운 방식으로 뜹니다. 원통 형태가 아니라 옆이 트인 조끼라서 가슴둘레에 구애받지 않고 편하게 입을 수 있습니다. 뒤판을 먼저 뜨면서 코늘림을 통해 어깨처짐을 만들어준 뒤 원하는 길이에 맞게 뜹니다. 그다음 앞판을 어깨 한쪽씩 작업하면서 목 앞부분을 만들어주고 뒤판과 같은 길이로 작업합니다. 목은 터틀넥 스타일로, 통이 넉넉하고 길게 디자인되었습니다.

> 사이즈 가이드

해당 작품은 XS (S) M (L) XL (2XL) 3XL 사이즈로 제작되었습니다. 모델 착용 사이즈는 M이며, 어깨선과 가슴둘레가 딱 맞게 나온 디자인입니다. 옆이 트인 디자인으로, 작은 사이즈를 선택해도 편하게 입을 수 있습니다. 실제 치수보다 너무 큰 사이즈를 선택할 경우 가슴둘레 부분이 펄럭거릴 수 있으므로 평소 입던 사이즈대로 선택하는 게 가장 좋습니다.

> 브리오쉬 뜨기에 관하여

브리오쉬 뜨기는 앞뒤로 똑같은 무늬를 내는 뜨개질 기법입니다. 일반 메리야스뜨기나 고무뜨기와 달리 이중구조로 이뤄지기 때문에, 겉면에서 ∨자 1개가 만들어지려면 2단을 떠줘야 합니다. 즉, ∨자 모양 1개는 1단이 아니라 2단이 됩니다.

해당 도안에서의 단은 말 그대로 직접 뜨는 단을 가리키기 때문에, 편물을 보면서 단을 세는 경우에는 ∨자 1개를 2단으로 치고, 직접 뜨면서 단을 세는 경우에는 편물을 뒤집을 때마다 1단이라고 생각하면 됩니다.

> 용어 및 기법 설명

- Slyo(slip one yarn over): 실을 앞으로 가져와 안뜨기 방향으로 코 넘기기.
- Brk(brioche knit): 브리오쉬 겉뜨기. 겹쳐진 2코를 한 번에 겉뜨기하기.
- 브리오쉬 패턴대로 뜨기: 1코로 보이는 코는 Slyo로 뜨고, 두 가닥이 겹쳐진 코는 한 번에 Brk로 뜨기 (평면뜨기에서는 항상 [Slyo, Brk 1] 규칙을 따름).
- 안면에서 끝코 처리:
  실을 앞에 두고 안뜨기 방향으로 1코 거르기, 마지막 2코 남을 때까지 브리오쉬 패턴대로 뜨기, 실을 앞에 두고 안뜨기 방향으로 1코 거르기(실이 걸쳐지지 않음), 안뜨기 1
- 겉면에서 끝코 처리:
  실을 뒤에 두고 안뜨기 방향으로 1코 거르기, 겉뜨기 1, 마지막 1코 남을 때까지 브리오쉬 패턴대로 뜨기, 겉뜨기 1
- 브리오쉬 코늘림:
  Brk코를 뜬 상태에서, 왼쪽 바늘에서 코를 빼지 않고 오른쪽 바늘에 실을 한 번 걸친 뒤 다시 왼쪽 바늘에 걸린 코에 찔러 넣어 실을 끌고 나온 다음 왼쪽 바늘에서 코를 빼준다. ▶2코 증가

브리오쉬 뜨기
기초 기법

브리오쉬 뜨기
틀렸을 때
대처법

코잡기

5mm 바늘에 다음과 같이 마커를 걸면서 총 33 (33) 33 (37) 37 (37) 37코를 잡아줍니다.

7 (7) 7 (9) 9 (9) 9코 코잡기, 마커 걸기, 19 (19) 19 (19) 19 (19) 19코 코잡기, 마커 걸기, 7 (7) 7 (9) 9 (9) 9코 코잡기

어깨 만들기

1. 다음과 같이 뜹니다.

   셋업단(안면): 실을 앞에 두고 안뜨기 방향으로 1코 거르기, 마지막 2코 남을 때까지 [Slyo, 겉뜨기 1] 반복, 실을 앞에 두고 안뜨기 방향으로 1코 거르기, 안뜨기 1

   1단(겉면): 실을 뒤에 두고 안뜨기 방향으로 1코 거르기, 겉뜨기 1, 마지막 1코 남을 때까지 [Slyo, Brk 1] 반복, 겉뜨기 1

   2단(안면): 실을 앞에 두고 안뜨기 방향으로 1코 거르기, 마지막 2코 남을 때까지 [Slyo, Brk 1] 반복, 실을 앞에 두고 안뜨기 방향으로 1코 거르기, 안뜨기 1

   3단(겉면): 1단처럼 뜨기

   4단(안면): 2단처럼 뜨기

   5단(겉면, 늘림단): 마커까지 브리오쉬 패턴대로 뜨기, 마커 넘기기, 브리오쉬 코늘림, 마커까지 브리오쉬 패턴대로 뜨기, 브리오쉬 코늘림, 마커 넘기기, 끝까지 브리오쉬 패턴대로 1단처럼 뜨기

   TIP 브리오쉬 패턴대로 뜰 때에는 양쪽 끝코 처리도 1단처럼 동일하게 적용하면 됩니다.

   6단(안면): 2단처럼 뜨기

2. 1의 1~6단을 총 5 (6) 6 (6) 6 (6) 6회 반복합니다.
3. 편물을 뒤집어 양 끝에 보이는 ∨자 모양에 클립형 마커를 걸어 어깨 지점을 표시합니다.

4. 이제 늘림 없이 1의 1~2단을 총 23 (23) 23 (23) 25 (25) 27회 반복합니다. 바늘에는 53 (57) 57 (61) 61 (61) 61코가 걸려 있습니다.

진동 늘림

1. 어깨 늘림과 동일한 방법으로 진동 늘림을 해줍니다.
   1단(겉면, 늘림단): 마커까지 브리오쉬 패턴대로 뜨기, 마커 넘기기, 브리오쉬 코늘림, 마커까지 브리오쉬 패턴대로 뜨기, 브리오쉬 코늘림, 마커 넘기기, 끝까지 브리오쉬 패턴대로 뜨기
   2단(안면): 실을 앞에 두고 안뜨기 방향으로 1코 거르기, 마지막 2코 남을 때까지 [Slyo, Brk 1] 반복, 실을 앞에 두고 안뜨기 방향으로 1코 거르기, 안뜨기 1
   3단(겉면): 실을 뒤에 두고 안뜨기 방향으로 1코 거르기, 겉뜨기 1, 마지막 1코 남을 때까지 [Slyo, Brk 1] 반복, 겉뜨기 1
   4단(안면): 2단처럼 뜨기
   5단(겉면): 3단처럼 뜨기
   6단(안면): 2단처럼 뜨기
2. 1의 1~6단을 총 3 (3) 4 (4) 5 (6) 7회 반복합니다. 바늘에는 65 (69) 73 (77) 81 (85) 89코가 걸려 있고 진동 늘림이 끝났습니다.
3. 코를 잡은 지점부터 50cm(또는 원하는 길이)가 될 때까지 브리오쉬 패턴대로 코늘림 없이 뜹니다. 겉면(1단)까지 뜨고 끝나며 다음 단은 안면(2단)입니다.
4. 마지막 단은 다음과 같이 뜹니다.
   실을 앞에 두고 안뜨기 방향으로 1코 거르기, 마지막 2코 남을 때까지 [안뜨기 1, 겉뜨기 1] 반복, 안뜨기 2
5. 실을 길게 남겨 자르고 1코 고무단 돗바늘 마무리로 코막음하여 마무리합니다.

왼쪽 어깨

1. 뒤판 겉면(늘림코가 삼지창 모양으로 갈라지는 면)을 바라본 상태에서 실의 짧은 부분을 이용해 어깨 부분의 코를 주워줍니다.
2. 목 부분에서부터 시작해 어깨 늘림이 끝나고 단수 표시링으로 걸어둔 부분까지 새 실을 걸어 실의 짧은 부분을 이용해 3코 줍고 1단 걸러 총 13 (15) 15 (17) 17 (17) 17코를 줍습니다. 코를 주우면서 5코 줍고 마커 걸고 나머지 8 (10) 10 (12) 12 (12) 12코를 주워줍니다. 이때 짧은 실로 주워야 주운 코를 반대편 바늘로 밀어서 긴 실로 목 부분부터 시작할 수 있습니다.
3. 다음 1~2단을 총 9회 반복합니다.

    1단(겉면): 실을 뒤에 두고 안뜨기 방향으로 1코 거르기, 겉뜨기 1, 마지막 1코 남을 때까지 [Slyo, Brk 1] 반복, 겉뜨기 1

    2단(안면): 실을 앞에 두고 안뜨기 방향으로 1코 거르기, 마지막 2코 남을 때까지 [Slyo, Brk 1] 반복, 실을 앞에 두고 안뜨기 방향으로 1코 거르기, 안뜨기 1

4. 다음과 같이 목 1~4단을 총 4회 반복하며 목 부분을 만들어줍니다.

    목 1단(겉면, 코늘림): 5코 브리오쉬 패턴대로 뜨기, 마커 넘기기, 브리오쉬 코늘림, 나머지 코를 브리오쉬 패턴대로 뜨기

    목 2단(안면): 브리오쉬 패턴대로 다음과 같이 뜨기

    실을 앞에 두고 안뜨기 방향으로 1코 거르기, 마지막 2코 남을 때까지 [Slyo, Brk 1] 반복, 실을 앞에 두고 안뜨기 방향으로 1코 거르기, 안뜨기 1

    목 3단(겉면): 브리오쉬 패턴대로 다음과 같이 뜨기

    실을 뒤에 두고 안뜨기 방향으로 1코 거르기, 겉뜨기 1, 마지막 1코 남을 때까지 [Slyo, Brk 1] 반복, 겉뜨기 1

    목 4단(안면): 2단처럼 뜨기

5. 이제 바늘에 21 (23) 23 (25) 25 (25) 25코가 걸려 있습니다. 실을 끊고 코를 쉬게 둡니다.

오른쪽 어깨

1. 뒤판 겉면(늘림코가 삼지창 모양으로 갈라지는 면)을 바라보고 어깨 부분 코를 주워줍니다.
2. 어깨 늘림이 끝나고 단수 표시링으로 걸어둔 부분부터 새 실을 걸어 실의 짧은 부분을 이용해 목 방향으로 3코 줍고 1단 걸러 총 13 (15) 15 (17) 17 (17) 17코를 줍습니다. 코를 주우면서 8 (10) 10 (12) 12 (12) 12코를 줍고 마커 걸고 나머지 5코를 주워줍니다. 이때 짧은 실로 주워야 주운 코를 반대편 바늘로 밀어서 긴 실로 어깨 끝부분부터 시작할 수 있습니다.
3. 다음 1~2단을 총 9회 반복합니다.

    1단(겉면): 실을 뒤에 두고 안뜨기 방향으로 1코 거르기, 겉뜨기 1, 마지막 1코 남을 때까지 [Slyo, Brk 1] 반복, 겉뜨기 1

    2단(안면): 실을 앞에 두고 안뜨기 방향으로 1코 거르기, 마지막 2코 남을 때까지 [Slyo, Brk 1] 반복, 실을 앞에 두고 안뜨기 방향으로 1코 거르기, 안뜨기 1

4. 다음과 같이 목 1~4단을 총 4회 반복하며 목 부분을 만들어줍니다.

    목 1단(겉면, 코늘림): 마지막 6코 남을 때까지 브리오쉬 패턴대로 뜨기, 브리오쉬 코늘림, 마커 넘기기, 나머지 코를 브리오쉬 패턴대로 뜨기

    목 2단(안면): 브리오쉬 패턴대로 다음과 같이 뜨기

    실을 앞에 두고 안뜨기 방향으로 1코 거르기, 마지막 2코 남을 때까지 [Slyo, Brk 1] 반복, 실을 앞에 두고 안뜨기 방향으로 1코 거르기, 안뜨기 1

    목 3단(겉면): 브리오쉬 패턴대로 다음과 같이 뜨기

    실을 뒤에 두고 안뜨기 방향으로 1코 거르기, 겉뜨기 1, 마지막 1코 남을]때까지 [Slyo, Brk 1] 반복, 겉뜨기 1

    목 4단(안면): 2단처럼 뜨기

5. 바늘에는 21 (23) 23 (25) 25 (25) 25코가 걸려 있습니다. 실을 끊지 않고 다음과 같이 오른쪽 어깨 겉면을 뜨면서 왼쪽 어깨와 이어줍니다. 마커는 전부 제거합니다.

    오른쪽 어깨 브리오쉬 패턴대로 뜨되(5의 목 3단처럼) 마지막 1코 Slyo, 감아코 11코, 쉬게 둔 왼쪽 어깨 코 다시 바늘에 끼우고 마지막 1코 남을 때까지 [Slyo, Brk 1] 반복, 겉뜨기 1

6. 이제 바늘에는 53 (57) 57 (61) 61 (61) 61코가 걸려 있고 양쪽 어깨가 이어졌습니다. 어깨 부분에서 코 주운 곳부터 ∨자 모양이 38 (41) 41 (41) 43 (43) 45개 생길 때까지 브리오쉬 패턴대로 늘림 없이 다음 1~2단을 반복합니다(뒤판 진동 늘림 부분 직전까지의 길이와 동일한 길이로). 안면(2단)에서 끝나며 다음 단은 겉면(1단)입니다.

    1단(겉면): 실을 뒤에 두고 안뜨기 방향으로 1코 거르기, 겉뜨기 1, 마지막 1코 남을 때까지 [Slyo, Brk 1] 반복, 겉뜨기 1

    2단(안면): 실을 앞에 두고 안뜨기 방향으로 1코 거르기, 마지막 2코 남을 때까지 [Slyo, Brk 1] 반복, 실을 앞에 두고 안뜨기 방향으로 1코 거르기, 안뜨기 1

진동 늘림

1. 뒤판과 동일하게 양쪽 7코 부분에 마커를 걸고 진동 늘림을 해줍니다.
    1단(겉면, 늘림단): 마커까지 브리오쉬 패턴대로 뜨기, 마커 넘기기, 브리오쉬 코늘림, 마커까지 브리오쉬 패턴대로 뜨기, 브리오쉬 코늘림, 마커 넘기기, 끝까지 브리오쉬 패턴대로 뜨기
    2단(안면): 실을 앞에 두고 안뜨기 방향으로 1코 거르기, 마지막 2코 남을 때까지 [Slyo, Brk 1] 반복, 실을 앞에 두고 안뜨기 방향으로 1코 거르기, 안뜨기 1
    3단(겉면): 실을 뒤에 두고 안뜨기 방향으로 1코 거르기, 겉뜨기 1, 마지막 1코 남을 때까지 [Slyo, Brk 1] 반복, 겉뜨기 1
    4단(안면): 2단처럼 뜨기
    5단(겉면): 3단처럼 뜨기
    6단(안면): 2단처럼 뜨기
2. 1의 1~6단을 총 3 (3) 4 (4) 5 (6) 7회 반복합니다. 바늘에는 65 (69) 73 (77) 81 (85) 89코가 걸려 있고 진동 늘림이 끝났습니다.
3. 뒤판과 같은 길이가 될 때까지 코늘림 없이 브리오쉬 패턴대로 뜹니다. 겉면(1단)까지 뜨고 끝나며 다음 단은 안면(2단)입니다.
4. 마지막 단은 다음과 같이 뜹니다.
    실을 앞에 두고 안뜨기 방향으로 1코 거르기, 마지막 2코 남을 때까지 [안뜨기 1, 겉뜨기 1] 반복, 안뜨기 2
5. 실을 길게 남겨 자르고 1코 고무단 돗바늘 마무리로 코막음하여 마무리합니다.

목둘레 코줍기

1. 5mm 바늘을 이용해 목둘레에서 매 코 매 단 주워 총 78코를 주워줍니다.
2. 1코 고무뜨기로 15cm를 뜨고 1코 고무단 돗바늘 마무리로 코막음하여 마무리합니다.

단추 달기

진동 늘림 시작 부분에 단추를 달고, 반대편에 실 고리를 만들어 바느질한 뒤 단추에 걸어줍니다.

05

세븐이지 탑다운 케이블 니트

사이즈 1~2세 (10세) 성인 M (성인 2XL)
가슴둘레 60 (80) 96 (122)cm
옷 길이 34 (42) 56 (58)cm
게이지 6mm 꽈배기 편물 10cm×10cm 20코 22단
사용 바늘 대바늘 5mm, 6mm / 케이블 40cm, 80cm
실 소요량 세븐이지 2 (5) 8 (9)볼

이 옷을 본 엄마가 말했다.
"이 꽈배기 말고 굵고 예쁜 꽈배기 몇 줄 넣으면 안 되겠니……?"
엄마, 근데 나는 이 꽈배기가 좋은가 봐.
랄프로렌에서도, 구찌에서도 참 좋아하는 꽈배기인걸!
클래식한 꽈배기 문양이라 그런지 보고 또 봐도 질리지가 않는다.

요약 설명

목부터 내려가며 뜨는 탑다운 방식으로 완성되는 꽈배기 스웨터입니다. 도안은 아래에서 위로 읽습니다. 홀수단은 안면이며 기호를 보이는 것과 반대로 읽어서 ㅡ는 겉뜨기로, ㅁ는 안뜨기로 떠줍니다. 짝수단은 겉면으로, 보이는 기호 그대로 뜨면 됩니다. 원통으로 이어서 떠주는 부분부터는 전부 겉면으로 보면 됩니다.

- **기호 도안 읽는 방향**
  홀수단(안면): 왼쪽에서 오른쪽
  짝수단(겉면): 오른쪽에서 왼쪽

사이즈 가이드

해당 작품은 1~2세 (10세) 성인 M (성인 2XL) 사이즈로 제작되었습니다. 모델 착용 사이즈는 성인 2XL 입니다. 굵은 꽈배기 조직으로 이루어져 있기 때문에 입었을 때 신축성이 매우 큽니다. 큰 사이즈를 선택해도 작게 느껴질 수 있으나 많이 늘어나기 때문에 원하는 핏대로 선택하는 편이 좋습니다. 정사이즈로 선택하면 몸에 딱 붙는 느낌이며, 큰 사이즈로 선택하면 약간 넉넉한 느낌입니다.

몸판 뜨기 (뒤판 ▶ 오른쪽 어깨 ▶ 왼쪽 어깨 ▶ 몸통 순서)

* 기호 도안과 서술형 도안을 함께 보되, 기호 도안은 해당 사이즈만 봐주세요.

몸판 뜨기

1. 6mm 바늘에 34 (50) 82 (98)코를 잡고 뒤판 도안을 보며 안면부터 떠줍니다.
   안뜨기 4, 마지막 6코 남을 때까지 [겉뜨기 2, 안뜨기 6] 반복, 겉뜨기 2, 안뜨기 4
2. 뒤판 도안의 24 (38) 50 (56)단까지 떠준 뒤, 실을 끊고 코를 쉬게 둡니다.
3. 뒤판의 겉면을 바라보고 오른쪽 어깨 끝부분부터 9 (14) 28 (36)코를 주워줍니다. 이때 ∧자 모양 사이에서 코를 주워야 무늬가 어긋나지 않습니다.
4. 앞판 도안의 오른쪽 어깨 부분 12 (16) 22 (22)단까지 떠준 뒤, 실을 끊고 코를 쉬게 둡니다.
5. 뒤판의 겉면을 바라보고 왼쪽 끝부분부터 9 (14) 28 (36)코를 세서 목에서 어깨 방향으로 9 (14) 28 (36)코를 주워줍니다. 이때 ∧자 모양 사이에서 코를 주워야 무늬가 어긋나지 않습니다.
6. 앞판 도안의 왼쪽 어깨 부분 12 (16) 22 (22)단까지 떠준 뒤, 13 (17) 23 (23)단(안면) 도안을 보며 바늘에 걸린 코 끝까지 뜨고, 코가 걸린 바늘에 감아코로 8 (14) 14 (14)코를 만든 다음, 쉬게 둔 오른쪽 어깨 코들을 이어서 무늬에 맞춰 떠줍니다. 그러면 앞판 어깨가 연결되며, 도안대로 24 (38) 50 (56)단까지 뜹니다.

앞/뒤판 연결하기

*p2tog: 2코 한 번에 안뜨기

1. 앞판을 24 (38) 50 (56)단까지 뜬 뒤, 편물을 뒤집지 않은 상태에서 감아코 4 (4) 0 (4)코를 만들어줍니다(M 사이즈는 감아코가 없습니다).
2. 쉬게 둔 뒤판 코들을 다시 바늘에 끼우고 겉면을 바라본 상태에서 이어서 떠줍니다. 뒤판을 뜨면 25 (39) 51 (57)단이 시작됩니다.
3. 뒤판 코들을 전부 떠준 다음 감아코를 4 (4) 0 (4)코를 만들고, 다시 앞판 코들까지 모두 겉면을 바라본 상태에서 이어서 떠주면 원통뜨기로 몸통 한 단이 떠집니다. 입었을 때 기준, 왼쪽 겨드랑이 아래 감아코 부분(M 사이즈의 경우 앞/뒤판 연결 부분)을 지나 안뜨기 2코까지 뜨고 시작 마커를 걸어줍니다.
4. 몸통이 연결되면 도안대로 꽈배기 무늬를 넣으며 끝까지 뜬 뒤, 바늘을 5mm로 바꿔 [겉뜨기 14, p2tog]를 시작 마커까지 반복하여 코를 줄여줍니다.
5. 1코 고무뜨기(겉뜨기 1, 안뜨기 1)로 4 (5) 7 (7)cm를 뜬 뒤, 1코 고무단 돗바늘 마무리로 코막음합니다.

소매 뜨기

*p2tog: 2코 한 번에 안뜨기
** 관련 동영상 참고해주세요.

1. 겨드랑이 중간 부분부터 시작하여 진동 둘레단에서 3단에 2코씩 주워(2코 줍고 한 단 거르기) 총 36 (54) 60 (74)코를 주워준 뒤 실을 끊고 묶어줍니다.
2. 겨드랑이 정중앙 부분을 기준으로 양옆의 16 (24) 26 (33)코를 세어 클립형 마커로 어깨 부분을 표시한 다음, 코를 옮겨 첫 번째 마커까지 코를 뜨지 않고 옮겨줍니다.
3. 다음과 같이 뜹니다.
   두 번째 마커 다음 1코까지 도안을 보며 무늬에 맞춰 뜨고 턴, 첫 번째 마커 다음 1코까지 무늬에 맞춰 뜨고 턴, * 턴 다음 5코까지 뜨고 턴 *, 겨드랑이 중간 부분 양쪽으로 3 (7) 5 (7)코 남을 때까지 *부터 *을 반복
4. 소매 어깨 부분 턴이 완료되면 원통뜨기로 소매를 작업합니다. 도안을 참고하여 무늬에 맞춰 뜨면서 시작 마커 양쪽에서 코를 줄여줍니다.
5. 도안대로 끝까지 뜬 뒤, 바늘을 5mm로 바꿔 안뜨기 2 부분을 만날 때마다 p2tog 하여 코를 줄여주고 1코 고무뜨기로 3 (4) 6 (6)cm를 뜹니다.
6. 1코 고무단 돗바늘 마무리로 코막음합니다.

소매 뜨기

목둘레 뜨기

1. 목둘레의 경우, 단에서는 4단에 3코씩 줍고(3코 줍고 1단 거르기) 코에서는 매 코 주워, 총 44 (66) 78 (78)코를 주워줍니다.
2. 1코 고무뜨기로 4단을 뜬 뒤, 1코 고무단 돗바늘 마무리로 코막음합니다.

기호 도안

* 10세, M, 2XL 사이즈 기호 도안은 205쪽의 「부록 1」을 참고해주세요.

1~2세 사이즈 앞판

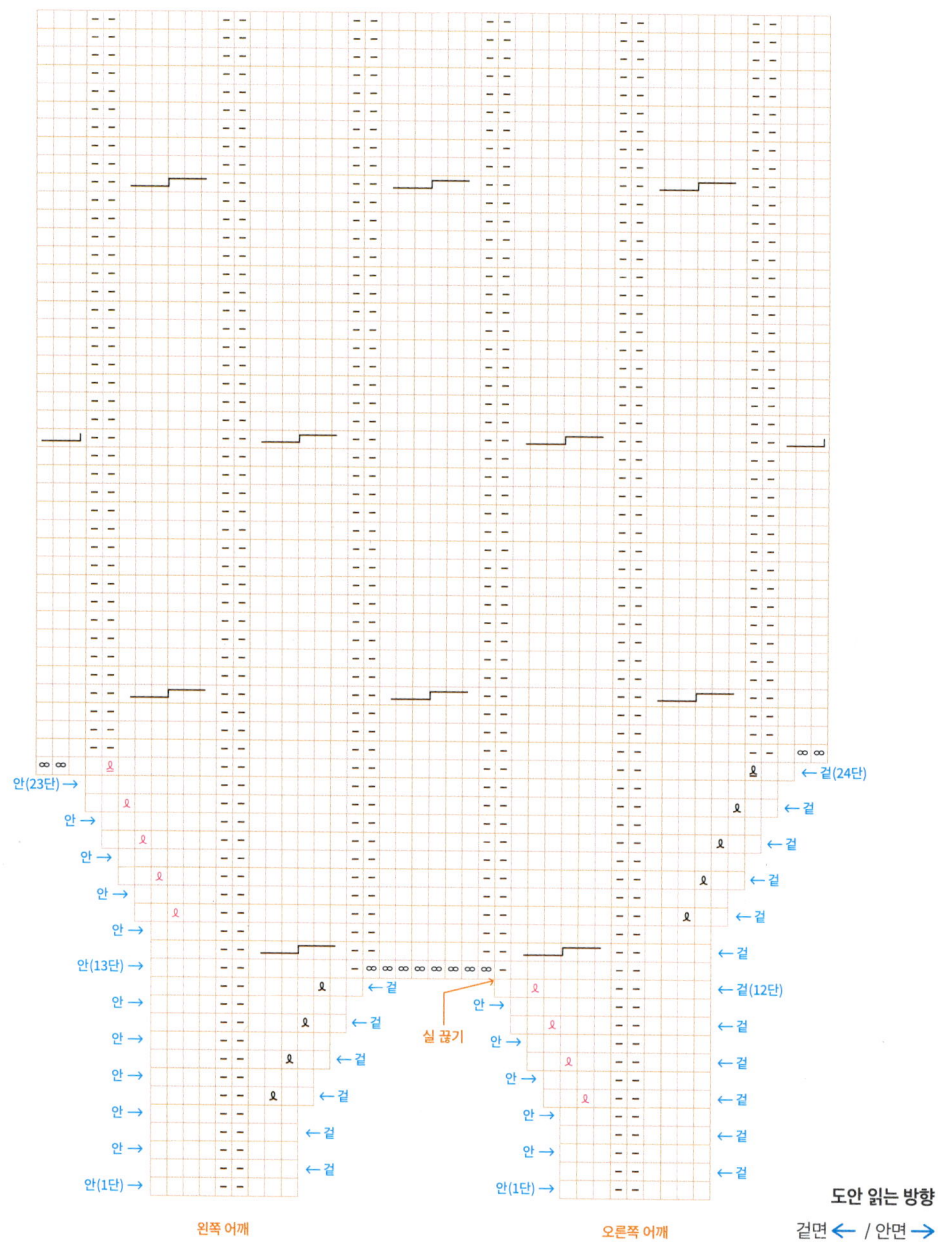

1~2세 사이즈 뒤판

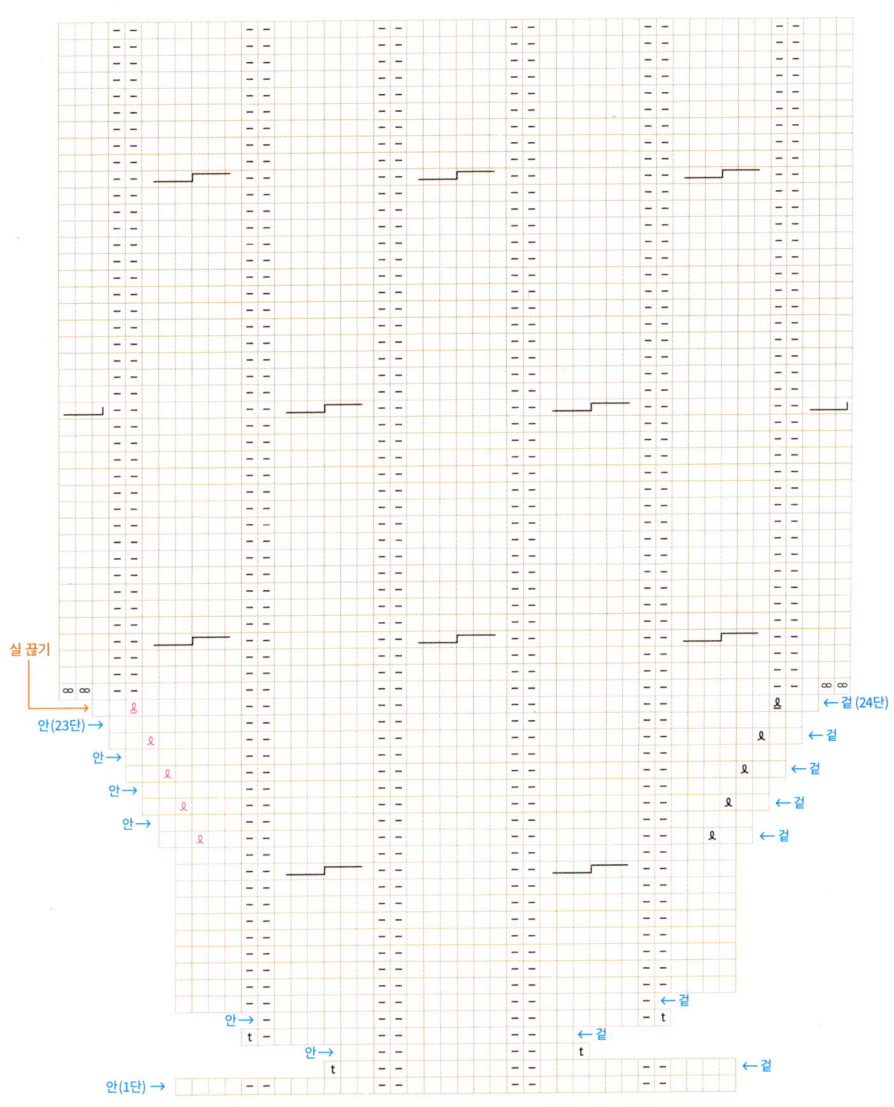

1~2세 사이즈 소매

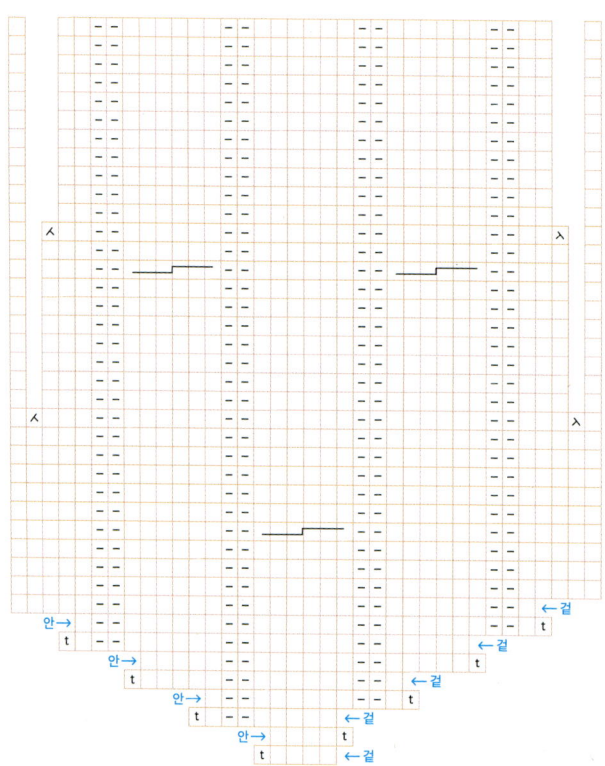

06

필 가드닝
터틀넥 탑다운 스웨터

사이즈 XS (S) M (L) XL (2XL) 3XL

가슴둘레 98 (102) 102 (112) 116 (123) 130cm

옷 길이 56 (58) 58 (60) 60 (61) 61cm
(*목 고무단 시작점에서 끝까지의 길이)

게이지 7mm 메리야스 편물 10cm×10cm 11코 18단

사용 바늘 대바늘 5.5mm, 7mm / 케이블 40cm, 80cm
(*소매 부분은 매직 루프나 숏팁으로 뜨기)

실 소요량 필 가드닝 5 (5) 6 (6) 6 (7) 7볼

×

에디터 님이 추천한 심플한 디자인의 터틀넥 스웨터이다.
첫 책에서 한번 터틀넥 스웨터를 다룬 적이 있어 주저했지만
목 부분에 경사뜨기를 접목한 터틀넥 스웨터도 있으면 좋겠다 싶어 만든 작품이다.
어려운 기법이 필요 없는 기본 래글런 스타일 니트이지만,
실이 워낙 독특해 멋진 완성품을 기대할 수 있다.
다만, 실이 제법 까다로워서 북북 뜯어가며 떠야 한다는 게 소소한 고충이랄까.

요약 설명

필 가드닝 터틀넥 탑다운 스웨터는 고무단부터 시작하여 터틀넥 부분을 만들어주고, 되돌아뜨기(턴)로 목 뒷부분과 목 앞부분의 단차를 만들어주며 시작합니다. 래글런 스타일의 기본형 탑다운 스웨터에 바탕을 두고 있으며, 목을 짧게 뜨면 기본형 스웨터로도 변형할 수 있습니다.

사이즈 가이드

해당 작품은 XS (S) M (L) XL (2XL) 3XL 사이즈로 제작되었습니다. 모델 착용 사이즈는 S이며, 실제 가슴둘레보다 5~10cm 여유 있게 나온 디자인입니다. 평소에 입던 사이즈대로 선택하면 오버사이즈 핏으로 입으실 수 있습니다.

코잡기

1. 40cm 케이블을 연결한 5.5mm 바늘에 56 (56) 58 (62) 64 (68) 72코를 잡아줍니다.
2. 시작 마커를 걸고, 길이가 10cm 될 때까지 1코 고무뜨기(겉뜨기 1, 안뜨기 1 반복)를 합니다.
3. 바늘을 7mm로 바꾸고 시작 마커로 돌아올 때까지 겉뜨기로 1단을 뜨면서, 다음과 같이 마커를 걸어 코를 구분해줍니다.

    겉뜨기 9 (9) 9 (10) 10 (11) 12코(오른쪽 뒤판), 마커 걸기, 겉뜨기 1코(래글런), 마커 걸기, 겉뜨기 8 (8) 9 (9) 10 (10) 10코(오른쪽 소매), 마커 걸기, 겉뜨기 1코(래글런), 마커 걸기, 겉뜨기 18 (18) 18 (20) 20 (22) 24코(앞판), 마커 걸기, 겉뜨기 1코(래글런), 마커 걸기, 겉뜨기 8 (8) 9 (9) 10 (10) 10코(왼쪽 소매), 마커 걸기, 겉뜨기 1코(래글런), 마커 걸기, 겉뜨기 9 (9) 9 (10) 10 (11) 12코(왼쪽 뒤판), 시작 마커

    * 오른쪽과 왼쪽은 입었을 때 기준입니다.

목 쉐이핑

1. 되돌아뜨기(턴)를 이용해 목 뒷부분이 목 앞부분보다 더 올라오게 만드는 작업입니다. 다음 1~16단을 순서대로 떠줍니다.

    1단: 오른쪽 뒤판 겉뜨기, M1R, 마커 넘기기, 겉뜨기 1(래글런), 마커 넘기기, M1L, 오른쪽 소매 겉뜨기, M1R, 마커 넘기기, 겉뜨기 1(래글런), 마커 넘기기, M1L, 겉뜨기 1, 턴

되돌아뜨기(턴)
하는 법

2단: 시작 마커까지 안뜨기

3단: 왼쪽 뒤판 안뜨기, M1R(안), 마커 넘기기, 안뜨기 1(래글런), 마커 넘기기, M1L(안), 왼쪽 소매 안뜨기, M1R(안), 마커 넘기기, 안뜨기 1(래글런), 마커 넘기기, M1L(안), 안뜨기 1, 턴

4단: 시작 마커까지 겉뜨기

5단: 오른쪽 뒤판 겉뜨기, M1R, 마커 넘기기, 겉뜨기 1(래글런), 마커 넘기기, M1L, 오른쪽 소매 겉뜨기, M1R, 마커 넘기기, 겉뜨기 1(래글런), 마커 넘기기, M1L, 턴한 부분까지 겉뜨기, 턴한 부분 한 번에 겉뜨기, 겉뜨기 2, 턴

6단: 시작 마커까지 안뜨기

7단: 왼쪽 뒤판 안뜨기, M1R(안), 마커 넘기기, 안뜨기 1(래글런), 마커 넘기기, M1L(안), 왼쪽 소매 안뜨기, M1R(안), 마커 넘기기, 안뜨기 1(래글런), 마커 넘기기, M1L(안), 턴한 부분까지 안뜨기, 턴한 부분 한 번에 안뜨기, 안뜨기 2, 턴

8단: 시작 마커까지 겉뜨기

9단: 오른쪽 뒤판 겉뜨기, M1R, 마커 넘기기, 겉뜨기 1(래글런), 마커 넘기기, M1L, 오른쪽 소매 겉뜨기, M1R, 마커 넘기기, 겉뜨기 1(래글런), 마커 넘기기, M1L, 턴한 부분까지 겉뜨기, 턴한 부분 한 번에 겉뜨기, 겉뜨기 2, 턴

10단: 시작 마커까지 안뜨기

11단: 왼쪽 뒤판 안뜨기, M1R(안), 마커 넘기기, 안뜨기 1(래글런), 마커 넘기기, M1L(안), 왼쪽 소매 안뜨기, M1R(안), 마커 넘기기, 안뜨기 1(래글런), 마커 넘기기, M1L(안), 턴한 부분까지 안뜨기, 턴한 부분 한 번에 안뜨기, 안뜨기 2, 턴

12단: 시작 마커까지 겉뜨기

13단: 오른쪽 뒤판 겉뜨기, M1R, 마커 넘기기, 겉뜨기 1(래글런), 마커 넘기기, M1L, 오른쪽 소매 겉뜨기, M1R, 마커 넘기기, 겉뜨기 1(래글런), 마커 넘기기, M1L, 턴한 부분까지 겉뜨기, 턴한 부분 한 번에 겉뜨기, 겉뜨기 2, 턴

14단: 시작 마커까지 안뜨기

15단: 왼쪽 뒤판 안뜨기, M1R(안), 마커 넘기기, 안뜨기 1(래글런), 마커 넘기기, M1L(안), 왼쪽 소매 안뜨기, M1R(안), 마커 넘기기, 안뜨기 1(래글런), 마커 넘기기, M1L(안), 턴한 부분까지 안뜨기, 턴한 부분 한 번에 안뜨기, 안뜨기 2, 턴

16단: 시작 마커까지 겉뜨기

2. 목 앞부분 쉐이핑이 끝나면 다음 콧수에 도달합니다.

    13 (13) 13 (14) 14 (15) 16코(오른쪽 뒤판)/1 (1) 1 (1) 1 (1) 1코(래글런)/16 (16) 17 (17) 18 (18) 18코(오른쪽 소매)/1 (1) 1 (1) 1 (1) 1코(래글런)/26 (26) 26 (28) 28 (30) 32코(앞판)/1 (1) 1 (1) 1 (1) 1코(래글런)/16 (16) 17 (17) 18 (18) 18코(왼쪽 소매)/1 (1) 1 (1) 1 (1) 1코(래글런)/13 (13) 13 (14) 14 (15) 16코(왼쪽 뒤판)/

    * / 모양은 마커 위치입니다.

래글런 늘림 1단계

1. 다음과 같이 2단에 한 번씩 래글런 1코 양쪽에서만 코늘림합니다. 중간에 콧수가 많아지면 케이블을 80cm로 바꿔 작업합니다.

    1단: 마커까지 겉뜨기(오른쪽 뒤판), M1R, 마커 넘기기, 겉뜨기 1(래글런), 마커 넘기기, M1L, 마커까지 겉뜨기(오른쪽 소매), M1R, 마커 넘기기, 겉뜨기 1(래글런), 마커 넘기기, M1L, 마커까지 겉뜨기(앞판), M1R, 마커 넘기기, 겉뜨기 1(래글런), 마커 넘기기, M1L, 마커까지 겉뜨기(왼쪽 소매), M1R, 마커 넘기기, 겉뜨기 1(래글런), 마커 넘기기, M1L, 시작 마커까지 겉뜨기(왼쪽 뒤판)

    2단: 시작 마커까지 쭉 겉뜨기

2. 다음 콧수에 도달할 때까지 1의 1~2단을 총 7 (7) 7 (13) 12 (15) 14회 반복합니다.

    ❤ 순서: 오른쪽 뒤판/래글런/오른쪽 소매/래글런/앞판/래글런/왼쪽 소매/래글런/왼쪽 뒤판/
    - **XS, S**: 20/1/30/1/40/1/30/1/20/
    - **M**: 20/1/31/1/40/1/31/1/20/
    - **L**: 27/1/43/1/54/1/43/1/27/
    - **XL**: 26/1/42/1/52/1/42/1/26/
    - **2XL**: 30/1/48/1/60/1/48/1/30/
    - **3XL**: 30/1/46/1/60/1/46/1/30/
    * / 모양은 마커 위치입니다.

래글런 늘림 2단계

* XS, S, M, XL, 3XL 사이즈만 해당. L, 2XL 사이즈는 소매 분리로 바로 넘어가주세요.

1. 다음과 같이 3단에 한 번씩 래글런 1코 양쪽에서만 코늘림합니다.

    1단: 마커까지 겉뜨기(오른쪽 뒤판), M1R, 마커 넘기기, 겉뜨기 1(래글런), 마커 넘기기, M1L, 마커까지 겉뜨기(오른쪽 소매), M1R, 마커 넘기기, 겉뜨기 1(래글런), 마커 넘기기, M1L, 마커까지 겉뜨기(앞판), M1R, 마커 넘기기, 겉뜨기 1(래글런), 마커 넘기기, M1L, 마커까지 겉뜨기(왼쪽 소매), M1R, 마커 넘기기, 겉뜨기 1(래글런), 마커 넘기기, M1L, 시작 마커까지 겉뜨기(왼쪽 뒤판)

    2단: 시작 마커까지 쭉 겉뜨기

    3단: 시작 마커까지 쭉 겉뜨기

2. 다음 콧수에 도달할 때까지 1의 1~3단을 총 3 (4) 4 (0) 2 (0) 2회 반복합니다.
   - ⌄ 순서: 오른쪽 뒤판/래글런/오른쪽 소매/래글런/앞판/래글런/왼쪽 소매/래글런/왼쪽 뒤판/
   - **XS**: 23/1/36/1/46/1/36/1/23/
   - **S**: 24/1/38/1/48/1/38/1/24/
   - **M**: 24/1/39/1/48/1/39/1/24/
   - **XL**: 28/1/46/1/56/1/46/1/28/
   - **3XL**: 32/1/50/1/64/1/50/1/32/
     * / 모양은 마커 위치입니다.
3. 겉뜨기 2단을 떠준 뒤에 소매 분리를 진행합니다.

소매 분리

다음과 같이 몸통과 소매를 분리합니다. 래글런 1코는 몸통으로 갑니다.

마커까지 겉뜨기(오른쪽 뒤판), 마커 빼기, 겉뜨기 1, 마커 빼기, 오른쪽 소매 코를 여분의 실이나 케이블에 빼두기, 감아코 6코 만들기, 마커 빼기, 겉뜨기 1, 마커 빼기, 마커까지 겉뜨기(앞판), 마커 빼기, 겉뜨기 1, 마커 빼기, 왼쪽 소매 코를 여분의 실이나 케이블에 빼두기, 감아코 6코 만들기, 마커 빼기, 겉뜨기 1, 마커 빼기, 시작 마커까지 겉뜨기

몸통 뜨기

1. 감아코를 만들어준 곳에서부터 22 (22) 22 (20) 20 (20) 20cm(또는 원하는 길이만큼)가 될 때까지 겉뜨기합니다.
2. 바늘을 5.5mm로 바꿔, 7cm가 될 때까지 1코 고무뜨기(겉뜨기 1, 안뜨기 1)를 합니다.
3. 겉뜨기는 겉뜨기대로, 안뜨기는 안뜨기대로 코막음하여 마무리합니다.

소매 뜨기

1. 쉬게 둔 코들을 7mm 바늘에 끼워줍니다. 감아코 부분에서 3코를 줍고, 시작 마커를 걸고, 나머지 3코를 주워줍니다.
2. 다음과 같이 코를 줄이며 소매를 떠줍니다.
   * 겉뜨기 10 (10) 10 (10) 10 (10) 10단, 겉뜨기 1, k2tog, 시작 마커 3코 전까지 겉뜨기, ssk, 겉뜨기 1 *, *부터 *까지 총 6회 반복
3. 바늘을 5.5mm로 바꿔, 7cm가 될 때까지 1코 고무뜨기(겉뜨기 1, 안뜨기 1)를 합니다.
4. 겉뜨기는 겉뜨기대로, 안뜨기는 안뜨기대로 코막음하여 마무리합니다.

07

코튼 미니콘
바텀업 골지 민소매

사이즈 XS (S) M (L) XL
가슴둘레 80 (88) 95 (100) 108cm
옷 길이 46 (48) 50 (51) 53cm
게이지 3.5mm 5코 겉뜨기 2코 안뜨기 편물 10cm×10cm 28코 31단
사용 바늘 줄바늘 3mm, 3.5mm / 케이블 40cm, 80(또는 100)cm
실 소요량 코튼 미니콘 2 (2) 2 (2) 3 볼

×

이상하게 이 옷은 뜬 티가 안나서 자주 입고 다녔다.
내가 짜임이 굵거나 꽈배기 무늬가 약간이라도 들어간 옷을 입기만 하면
친구들이나 회사 사람들이 그것도 직접 뜬 거냐고 꼭 물어본다.
괜한 오기가 발동하여 그런 옷은 더 이상 사지도 입지도 않는다.
이 옷은 그런 의심에서 벗어날 수 있는 옷이라
봄으로 넘어가는 겨울에 레이어드해서 알차게 입었다.

요약 설명

코튼 미니콘 바텀업 골지 민소매는 2코 고무단으로 시작하여 원통뜨기 바텀업 방식으로 뜹니다. M~XL 사이즈는 가슴둘레가 넓어 고무단 부분이 너풀거릴 수 있습니다. 3mm 바늘 대신 2.5mm 바늘로 고무단을 쫀쫀하게 뜨는 것을 추천합니다.

* 분산하여 코늘리기가 가능한 분들은 처음에 코를 덜 잡아주고 무늬 규칙 세팅할 때 덜 잡은 콧수만큼 분산해 늘리면 됩니다.

사이즈 가이드

해당 작품은 XS (S) M (L) XL 사이즈로 제작되었습니다. 모델 착용 사이즈는 XS이며, 어깨선과 가슴둘레가 딱 맞게 나온 디자인입니다. 단독으로 입으려면 평소에 입던 사이즈로 몸에 딱 맞게 착용하는 것이 좋으며, 레이어드할 용도로 입는 경우 한 사이즈 크게 선택하면 좋습니다.

몸판 뜨기(원통 바텀업 방식)

1. 3mm 바늘에 다음과 같이 코를 잡아줍니다.
    118 (126) 132 (140) 146코 코잡기, 중간 마커 걸기, 118 (126) 132 (140) 146코 코잡기
2. 시작 마커를 걸고 코가 꼬이지 않게 잘 정렬해서 원통뜨기로 2코 고무단[겉뜨기 2, 안뜨기 2 반복]을 6cm가 될 때까지 뜹니다.
3. 3.5mm 바늘로 바꾸고 다음과 같이 뜨면서 [안뜨기 2, 겉뜨기 5] 무늬 규칙을 세팅해줍니다.
    S, L: 안뜨기 1, 겉뜨기 5, 중간 마커 1코 전까지 [안뜨기 2, 겉뜨기 5] 반복, 안뜨기 1, 중간 마커 넘기기, 안뜨기 1, 겉뜨기 5, 시작 마커 1코 전까지 [안뜨기 2, 겉뜨기 5] 반복, 안뜨기 1
    XS, M, XL: 안뜨기 1, 겉뜨기 4, M1L, 중간 마커 1코 전까지 [안뜨기 2, 겉뜨기 5] 반복, 안뜨기 1, 중간 마커 넘기기, 안뜨기 1, 겉뜨기 4, M1L, 시작 마커 1코 전까지 [안뜨기 2, 겉뜨기 5] 반복, 안뜨기 1 ▶ 총 2코 증가
4. 이제 [안뜨기 2, 겉뜨기 5] 무늬가 세팅되고, 시작 마커와 중간 마커는 안뜨기코 2개 사이에 위치한 상태입니다. 코 잡은 곳으로부터 길이가 28 (30) 32 (33) 34cm가 될 때까지 코 모양에 맞춰 떠줍니다(─자엔 안뜨기, ∨자엔 겉뜨기). 최종 길이에 도달한 마지막 단에서는 시작 마커 6코 전까지 떠줍니다. L 사이즈를 비롯해 긴 기장을 원하는 분들은 더 떠주셔도 좋습니다.

코막음하면서 앞/뒤판 분리하기

1. 시작 마커 6코 전까지 무늬에 맞춰 뜬 상태에서, 12코를 코막음합니다. 중간에 있는 시작 마커는 빼줍니다.
    중간 마커 6코 전까지 무늬에 맞춰 뜨기, 12코 코막음, 단의 끝까지 무늬에 맞춰 뜨기
2. 편물을 앞뒤로 뒤집어가며 평면뜨기 합니다. 케이블에 걸린 뒤판은 걸린 채로 떠도 되고 따로 실이나 케이블에 빼두어도 좋습니다.

앞/뒤판 분리하기

앞판 진동 줄임

1. 다음과 같이 뜹니다.
    1단(안면): 4코 코막음, 끝까지 무늬에 맞춰 뜨기
    2단(겉면): 4코 코막음, 끝까지 무늬에 맞춰 뜨기
    3단(안면): 3코 코막음, 끝까지 무늬에 맞춰 뜨기
    4단(겉면): 3코 코막음, 끝까지 무늬에 맞춰 뜨기
    5단(안면): 1코 코막음, 끝까지 무늬에 맞춰 뜨기
    6단(겉면): 1코 코막음, 끝까지 무늬에 맞춰 뜨기
2. 1의 5~6단을 총 11 (11) 14 (17) 18회 반복합니다(1에서 떠준 5~6단 포함한 횟수). 이후 바늘에 걸린 콧수는 71 (78) 79 (80) 85코가 됩니다.
3. 코막음 없이 바늘에 걸린 코들을 무늬에 맞춰 9 (11) 9 (9) 11단을 떠줍니다. 안면에서 끝나며 다음 단은 겉면입니다.

어깨 분리하기

1. 다음과 같이 뜹니다.
    무늬에 맞춰 27 (29) 29 (29) 31코 뜨기, 17 (20) 21 (22) 23코 코막음, 남은 코들 무늬에 맞춰 뜨기
    * 코막음할 때에는 27 (29) 29 (29) 31코를 뜨고 그다음 2코를 더 뜨고 나서부터 코막음이 시작됩니다. 앞/뒤판 12코 코막음하면서 분리할 때와 동일하다고 보면 됩니다.

2. 이제 바늘에 걸려 있는 코들로만 작업합니다. 케이블에 걸려 있는 27 (29) 29 (29) 31코는 여분의 실에 빼두거나 케이블에 걸어둔 채 작업해도 됩니다.

오른쪽 어깨 부분

* 입었을 때 기준.

되돌아뜨기(턴) 하는 법

1. 다음과 같이 뜹니다.

   1단(안면): 무늬에 맞춰 끝까지 뜨기
   2단(겉면): 2코 코막음, 무늬에 맞춰 끝까지 뜨기
   3단(안면): 무늬에 맞춰 끝까지 뜨기
   4단(겉면): 2코 코막음, 무늬에 맞춰 끝까지 뜨기
   5단(안면): 무늬에 맞춰 끝까지 뜨기
   6단(겉면): 1코 코막음, 무늬에 맞춰 끝까지 뜨기
   7단(안면): 무늬에 맞춰 끝까지 뜨기
   8단(겉면): 무늬에 맞춰 끝까지 뜨기
   9단(안면): 무늬에 맞춰 끝까지 뜨기
   10단(겉면): 1코 코막음, 무늬에 맞춰 끝까지 뜨기
   11단(안면): 무늬에 맞춰 끝까지 뜨기
   12단(겉면): 무늬에 맞춰 끝까지 뜨기
   13단(안면): 무늬에 맞춰 끝까지 뜨기
   14단(겉면): 1코 코막음, 무늬에 맞춰 끝까지 뜨기
   15~21단: 무늬에 맞춰서 끝까지 뜨기 (총 7단)
   22단(겉면): 13 (15) 15 (15) 16코 무늬에 맞춰서 뜨기, 턴
   23단(안면): 무늬에 맞춰서 끝까지 뜨기
   24단(겉면): 6 (7) 8 (8) 8코 무늬에 맞춰서 뜨기, 턴
   25단(안면): 무늬에 맞춰서 끝까지 뜨기
   26단(겉면): 턴한 부분 정리하면서 무늬에 맞춰서 끝까지 뜨기

2. 실을 끊고 코들은 안전핀이나 여분의 실에 쉬게 둡니다.

왼쪽 어깨 부분

* 입었을 때 기준.

새 실 걸어서
뜨는 법

1. 새 실을 걸어 다음과 같이 뜹니다.
    - **1단(안면)**: 2코 코막음, 무늬에 맞춰 끝까지 뜨기
    - **2단(겉면)**: 무늬에 맞춰 끝까지 뜨기
    - **3단(안면)**: 2코 코막음, 무늬에 맞춰 끝까지 뜨기
    - **4단(겉면)**: 무늬에 맞춰 끝까지 뜨기
    - **5단(안면)**: 1코 코막음, 무늬에 맞춰 끝까지 뜨기
    - **6단(겉면)**: 무늬에 맞춰 끝까지 뜨기
    - **7단(안면)**: 무늬에 맞춰 끝까지 뜨기
    - **8단(겉면)**: 무늬에 맞춰 끝까지 뜨기
    - **9단(안면)**: 1코 코막음, 무늬에 맞춰 끝까지 뜨기
    - **10단(겉면)**: 무늬에 맞춰 끝까지 뜨기
    - **11단(안면)**: 무늬에 맞춰 끝까지 뜨기
    - **12단(겉면)**: 무늬에 맞춰 끝까지 뜨기
    - **13단(안면)**: 1코 코막음, 무늬에 맞춰 끝까지 뜨기
    - **14~20단**: 무늬에 맞춰서 끝까지 뜨기 (총 7단)
    - **21단(안면)**: 13 (15) 15 (15) 16코 무늬에 맞춰서 뜨기, 턴
    - **22단(겉면)**: 무늬에 맞춰서 끝까지 뜨기
    - **23단(안면)**: 6 (7) 8 (8) 8코 무늬에 맞춰서 뜨기, 턴
    - **24단(겉면)**: 무늬에 맞춰서 끝까지 뜨기
    - **25단(안면)**: 턴한 부분 정리하면서 무늬에 맞춰서 끝까지 뜨기
2. 실을 끊고 코들은 안전핀이나 여분의 실에 쉬게 둡니다.

뒤판 뜨기

1. 안쪽 면을 바라본 상태에서 새 실을 걸어 시작합니다(왼쪽 어깨 부분에서 새 실 걸어서 뜨는 법과 동일).
    - **1단(안면)**: 4코 코막음, 끝까지 무늬에 맞춰 뜨기
    - **2단(겉면)**: 4코 코막음, 끝까지 무늬에 맞춰 뜨기
    - **3단(안면)**: 3코 코막음, 끝까지 무늬에 맞춰 뜨기

4단(겉면): 3코 코막음, 끝까지 무늬에 맞춰 뜨기

5단(안면): 1코 코막음, 끝까지 무늬에 맞춰 뜨기

6단(겉면): 1코 코막음, 끝까지 무늬에 맞춰 뜨기

2. 1의 5~6단을 총 11 (11) 14 (17) 18회 반복합니다(1에서 뜬 5~6단 포함한 횟수). 이후 바늘에 걸린 콧수는 71 (78) 79 (80) 85코가 됩니다.

3. 코막음 없이 바늘에 걸린 코들을 무늬에 맞춰 29 (31) 29 (29) 31단을 떠줍니다. 안면에서 끝나며 다음 단은 겉면입니다.

어깨 분리하기

1. 다음과 같이 뜹니다.
   무늬에 맞춰 25 (27) 27 (27) 29코 뜨기, 21 (24) 25 (26) 27코 코막음, 남은 코들 무늬에 맞춰 뜨기

2. 이제 바늘에 걸려 있는 코들로만 작업합니다. 케이블에 걸려 있는 25 (27) 27 (27) 29코는 여분의 실에 빼두거나 케이블에 걸어둔 채 작업해도 됩니다.

뒤판 왼쪽 어깨 부분

* 입었을 때 기준.

1. 다음과 같이 뜹니다.

   1단(안면): 끝까지 무늬에 맞춰 뜨기

   2단(겉면): 3코 코막음, 바늘에 7 (7) 7 (7) 8코 남을 때까지 무늬에 맞춰 뜨기, 턴

   3단(안면): 끝까지 무늬에 맞춰 뜨기

   4단(겉면): 2코 코막음, 바늘에 14 (15) 14 (15) 16코 남을 때까지 무늬에 맞춰 뜨기, 턴

   * 되돌아뜨기(턴)을 해서 생긴 두 겹짜리 코는 1코로 칩니다.

   5단(안면): 끝까지 무늬에 맞춰 뜨기

   6단(겉면): 턴한 부분 정리하면서 무늬에 맞춰 끝까지 뜨기

2. 앞판의 바로 맞은편 어깨 부분에 3.5mm 바늘을 하나 더 준비해 코를 다시 끼웁니다.

3. 작업이 끝난 뒤판 어깨 부분과 겉면과 겉면을 서로 마주보게 겹쳐두고 한 번에 겉뜨기로 뜨며 코막음합니다.

4. 실을 끊고 마무리합니다.

어깨 잇기

뒤판 오른쪽 어깨 부분

* 입었을 때 기준.

1. 쉬게 둔 코들을 다시 3.5mm 바늘에 끼운 뒤, 새 실을 걸어 안면부터 시작합니다.

    1단(안면): 3코 코막음, 바늘에 7 (7) 7 (7) 8코 남을 때까지 무늬에 맞춰 뜨기, 턴

    2단(겉면): 끝까지 무늬에 맞춰 뜨기

    3단(안면): 2코 코막음, 바늘에 14 (15) 14 (15) 16코 남을 때까지 무늬에 맞춰 뜨기, 턴

    * 되돌아뜨기(턴)을 해서 생긴 두 겹짜리 코는 1코로 칩니다.

    4단(겉면): 끝까지 무늬에 맞춰 뜨기

    5단(안면): 턴한 부분 정리하면서 무늬에 맞춰서 끝까지 뜨기

2. 앞판의 바로 맞은편 어깨 부분에 3.5mm 바늘을 하나 더 준비해 코를 다시 끼웁니다.
3. 작업이 끝난 뒤판 어깨 부분과 겉면과 겉면을 마주보게 겹쳐두고 한 번에 겉뜨기로 뜨며 코막음해줍니다.
4. 실을 끊고 마무리합니다.

목둘레 고무단 뜨기

* 3mm 바늘로 뜹니다.

1. 목둘레 부분에서 매 코 매 단마다 104 (112) 116 (120) 124코를 줍습니다.
2. 2코 고무뜨기로 7단을 뜨고 코막음합니다.

    * XS 사이즈는 목둘레가 좁기 때문에 느슨하게 코막음하면 좋습니다.

    ** 코줍기의 경우 개인차가 있기 때문에 콧수가 정확히 들어맞지 않을 수 있습니다. 4의 배수에 맞지 않아도 괜찮으며, 끝부분에서 코를 맞춰주거나 중간에 몇 코를 건너뛰는 식으로 4의 배수에 맞춰도 됩니다.

목둘레
코줍는 법

진동 둘레(암홀) 고무단 뜨기

* 3mm 바늘로 뜹니다.

1. 진동 둘레에서 코를 주울 때에는 코 부분에서는 매 코 줍고, 사선 부분에서는 단 라인을 따라서 줍습니다. 평단 부분에서는 3코 줍고 1단 건너뛰어 코를 주워줍니다. 그러면 대략 96 (100) 108 (112) 120코가 됩니다.
2. 2코 고무뜨기로 7단을 뜨고 코막음합니다.
    * 코줍기의 경우 개인차가 있기 때문에 콧수가 정확히 들어맞지 않을 수 있습니다. 4의 배수에 맞지 않아도 괜찮으며, 끝부분에서 코를 맞춰주거나 중간에 몇 코를 건너뛰는 식으로 4의 배수에 맞춰도 됩니다.

진동 둘레
코줍는 법

마무리

돗바늘로 꼬리실을 모두 정리하여 마무리합니다.

08
드리프터 베이직 조끼

사이즈 XS (S) M (L) XL (2XL) 3XL

가슴둘레 94 (97) 104 (110) 116 (122) 126cm

옷 길이 54 (56) 58 (60) 62 (62) 64cm

어깨너비 36 (36) 40 (42) 44 (45) 47cm

게이지 4mm 메리야스 편물 10cm×10cm 22.5코 31단

사용 바늘 조립식 바늘 3.5mm, 4mm / 케이블 40cm, 80cm

실 소요량 서틀 드리프터 2 (2) 3 (3) 3 (4) 4볼

✕

남자 스웨터를 뜨려고 열심히 치수를 재고 계산을 했다.
그런데 남자 몸은 내 예상보다 너무 컸다.
'이거 좀 크지 않을까?' 하고 소심하게 늘림을 야금야금 빼먹었더니
나에게 조금 클 뿐 180cm/70kg 남자에게는 여유분 없이 딱 맞았다.
그래, 그럼 너는 M 사이즈로 가자.
성인 남자에게 입히려면 L 사이즈 이상을 추천한다.

> 요약 설명

드리프터 베이직 조끼는 탑다운 방식으로 만드는 기본형 조끼입니다. 먼저 평면뜨기로 뒤판을 뜨는데 어깨 경사를 만들어주고 시작하며, 진동 늘림이 끝나면 코들을 쉬게 두고 앞판을 작업합니다. 앞판은 한 쪽 어깨씩 목 부분을 만들면서 작업하고, 목 부분을 완성하면 양쪽 어깨를 이어서 한 번에 평면으로 작업한 뒤 뒤판과 함께 원통뜨기로 떠주게 됩니다.

> 사이즈 가이드

해당 작품은 XS (S) M (L) XL (2XL) 3XL 사이즈로 제작되었습니다. 모델 착용 사이즈는 L이며, 실제 가슴둘레보다 5~10cm 여유 있게 나온 디자인입니다. 넉넉하게 레이어드하기 좋은 사이즈입니다. 남성분의 경우 실제 가슴둘레를 꼭 확인하시고, 10cm 정도 여유분을 둔 사이즈로 선택하면 좋습니다.

뒤판 뜨기

* 평면 뜨기로 뜹니다.

1. 4mm 바늘에 76 (76) 84 (92) 94 (96) 98코를 잡아줍니다.
2. 안뜨기로 뜨며 다음과 같이 마커를 2개 걸어줍니다.

   안뜨기 19 (19) 23 (27) 27 (28) 28코(어깨), 마커 걸기, 안뜨기 38 (38) 38 (38) 40 (40) 42코(목), 마커 걸기, 안뜨기 19 (19) 23 (27) 27 (28) 28코(어깨)
3. 어깨 경사를 만들어주며 다음과 같이 뜹니다.

   1단(겉면): 두 번째 마커까지 겉뜨기, 겉뜨기 1, 턴

   2단(안면): 두 번째 마커까지 안뜨기, 안뜨기 1, 턴

   3단(겉면): 두 번째 마커까지 겉뜨기, 턴 다음 2코까지 겉뜨기, 턴

   4단(안면): 두 번째 마커까지 안뜨기, 턴 다음 2코까지 안뜨기, 턴

   * 두 번째 마커란 2개의 마커 중 진행 방향에서 가장 끝에 놓인 마커를 말합니다.
4. 양쪽 끝에 2 (2) 2 (2) 2 (1) 1코가 남을 때까지 3의 3~4단을 반복합니다. 다음 단은 겉면입니다.
5. 목(코잡은 부분)부터 셋을 때 59 (59) 61 (67) 69 (69) 69단이 될 때까지 메리야스뜨기(겉뜨기 1단, 안뜨기 1단 반복)를 합니다. 안면에서 끝나며 다음 단은 겉면입니다.

뒤판 어깨
되돌아뜨기(턴)
하는 법

진동 늘림

1. 다음 1~2단을 총 12 (14) 14 (13) 16 (17) 18회 반복합니다(사이즈마다 비례하게 늘림 횟수가 증가하지 않습니다).
   1단(겉면): 겉뜨기 2, M1L, 마지막 2코 남을 때까지 겉뜨기, M1R, 겉뜨기 2
   2단(안면): 끝까지 안뜨기
2. 1의 1단을 한 번 더 떠줍니다. 이제 바늘에는 102 (106) 114 (120) 128 (132) 136코가 걸려 있습니다.
3. 실을 끊고 코를 쉬게 둡니다.

오른쪽 어깨 뜨기

1. 뒤판 겉면을 바라본 상태에서 4mm 바늘을 이용해 바깥쪽에서 안쪽 방향(어깨▶목)으로 19 (19) 23 (27) 27 (28) 28코를 주워줍니다.
2. 먼저 안뜨기로 1단을 뜨고 단수 카운팅을 위해 단수 표시링으로 표시를 해둡니다.
3. 13 (13) 13 (15) 17 (17) 17단을 메리야스뜨기 합니다(2에서 뜬 안뜨기단 포함). 안면에서 끝나며 다음 단은 겉면입니다.
4. 다음과 같이 뜨면서 목 늘림을 진행합니다.
   1단(겉면): 마지막 2코 남을 때까지 겉뜨기, M1R, 겉뜨기 2
   2단(안면): 끝까지 안뜨기
5. 4의 1~2단을 총 10회 반복한 뒤, 1단을 한 번 더 떠줍니다. 이제 바늘에 걸린 코는 총 30 (30) 34 (38) 38 (39) 39코입니다.
6. 실을 잘라서 코를 쉬게 둡니다.

앞판 어깨 뜨기

왼쪽 어깨 뜨기

1. 뒤판 겉면을 바라본 상태에서 4mm 바늘을 이용해 안쪽에서 바깥쪽 방향(목▶어깨)으로 19 (19) 23 (27) 27 (28) 28코를 주워줍니다.
2. 먼저 안뜨기로 1단을 뜨고 단수 카운팅을 위해 단수 표시링으로 표시를 해둡니다.
3. 13 (13) 13 (15) 17 (17) 17단을 메리야스뜨기 합니다. 안면에서 끝나며 다음 단은 겉면입니다.
4. 다음과 같이 뜨면서 목 늘림을 진행합니다.
    1단(겉면): 겉뜨기 2, M1L, 끝까지 겉뜨기
    2단(안면): 끝까지 안뜨기
5. 4의 1~2단을 총 11회 반복합니다. 이제 바늘에 걸린 코는 30 (30) 34 (38) 38 (39) 39코이며, 안면까지 뜬 상태입니다.
6. 편물을 뒤집지 않은 상태에서 코가 걸려 있는 바늘에 감아코로 16 (16) 16 (16) 18 (18) 20코를 만들어줍니다.
7. 쉬게 둔 오른쪽 어깨 부분의 코들을 다시 빈 바늘에 끼우고 안뜨기로 이어서 끝까지 떠줍니다. 이제 목 쉐이핑이 끝나고 오른쪽 어깨와 왼쪽 어깨가 합쳐진 상태입니다. 다음 단은 겉면입니다.
8. 단수 카운팅을 위해 걸어둔 부분부터 단을 셌을 때 59 (59) 61 (67) 69 (69) 69단이 될 때까지 메리야스뜨기(겉뜨기 1단, 안뜨기 1단 반복)를 합니다. 안면에서 끝나며 다음 단은 겉면입니다.

진동 늘림

1. 다음 1~2단을 총 12 (14) 14 (13) 16 (17) 18회 반복합니다(사이즈마다 비례하게 늘림 횟수가 증가하지 않습니다).
    1단(겉면): 겉뜨기 2, M1L, 마지막 2코 남을 때까지 겉뜨기, M1R, 겉뜨기 2
    2단(안면): 끝까지 안뜨기
2. 1의 1단을 한 번 더 떠줍니다. 이제 바늘에는 102 (106) 114 (120) 128 (132) 136코가 걸려 있습니다.
3. 편물을 뒤집지 않은 상태에서 코가 걸려 있는 바늘에 감아코 2 (2) 2 (2) 2 (3) 3코를 만들고, 시작 마커를 걸고, 또 감아코 2 (2) 2 (2) 2 (3) 3코를 만들어줍니다. 감아코는 총 4코 또는 6코가 됩니다.
4. 쉬게 둔 뒤판 코들을 다시 빈 바늘에 끼우고 겉뜨기로 모두 떠줍니다.

5. 감아코 4 (4) 4 (4) 4 (6) 6코를 만들고 앞판에 걸린 코들도 이어서 전부 겉뜨기합니다.
6. 시작 마커까지 겉뜨기로 떠준 뒤에는 평면뜨기가 아닌 원통뜨기로 몸통 부분을 작업하게 되며 계속 겉뜨기로만 작업합니다.

몸통 뜨기

1. 이제 바늘에 걸린 콧수는 총 212 (220) 236 (248) 264 (276) 284코입니다. 감아코를 만든 부분에서부터 30cm가 될 때까지(또는 원하는 길이만큼) 메리야스뜨기(겉뜨기)를 합니다.
2. 바늘을 3.5mm로 바꾸고 고무단을 뜨기 전에 다음과 같이 코를 줄여줍니다.
   [겉뜨기 18코, 2코 한 번에 겉뜨기]를 마지막 12 (20) 16 (28) 24 (16) 24코 남을 때까지 반복, 마지막 2코 남을 때까지 겉뜨기, 2코 한 번에 겉뜨기
3. 코를 다 줄인 뒤에는 1코 고무뜨기(겉뜨기 1, 안뜨기 1 반복)로 8cm를 떠줍니다.
4. 일반 코막음 또는 1코 고무단 돗바늘 마무리로 마무리합니다. 만약 콧수가 홀수라서 규칙이 맞지 않을 때에는 시작 마커 직전 2코를 안뜨기로 한 번에 떠서 맞춰주면 됩니다.

목 고무단 뜨기

* 3.5mm 바늘로 작업합니다.

1. 전체 콧수는 신경 쓰지 않고, 다음과 같이 코 부분에서는 매 코를, 단 부분에서는 4단마다 3코를 주워준 뒤 고무단을 떠줍니다.
   뒷목 부분에서는 매 코 줍고, 목 앞부분의 감아코 위치 전까지 3코 줍고 1단 거르고 주워주고, 감아코 위치에서 매 코 줍고, 다시 뒷목 부분으로 갈 때까지 3코 줍고 1단 거르고 주워주기.
2. 시작 마커를 걸고 1코 고무뜨기로 총 4cm를 뜹니다.
3. 1코 고무단 돗바늘 마무리로 마무리합니다. 만약 콧수가 홀수라서 규칙이 맞지 않을 때에는 시작 마커 직전 2코를 안뜨기로 한 번에 떠서 맞춰주면 됩니다.

진동 고무단 뜨기

* 3.5mm 바늘로 작업합니다.

1. 감아코로 4코 또는 6코를 만들어준 부분부터 4코 또는 6코를 줍습니다. 단 부분에서는 목 고무단 뜰 때와 마찬가지로 4단마다 3코를 주워줍니다(3코 줍고 1단 거르기).
2. 시작 마커를 걸고 1코 고무뜨기로 총 4cm를 뜹니다.
3. 1코 고무단 돗바늘 마무리로 마무리합니다. 만약 콧수가 홀수라서 규칙이 맞지 않을 때에는 시작 마커 직전 2코를 안뜨기로 한 번에 떠서 맞춰주시면 됩니다.

09
드리프터 유니섹스 탑다운 셋업

드리프터 베이직 탑다운 스웨터

사이즈 XS (S) M (L) XL (2XL) 3XL
가슴둘레 94 (97) 104 (110) 116 (122) 126cm
옷 길이 54 (56) 58 (60) 62 (62) 64cm
게이지 4mm 메리야스 편물 10cm×10cm 22.5코 31단
사용 바늘 조립식 바늘 3.5mm, 4mm / 케이블 40cm, 80cm
실 소요량 서틀 드리프터 3 (4) 4 (4) 5 (5) 6볼

드리프터 베이직 반바지

사이즈 XS (S) M (L) XL (2XL) 3XL
허리둘레 74 (76) 78 (80) 82 (84) 86cm
　　　　　(*고무줄이 들어가기 때문에 실제 허리둘레보다 작을 수 있음)
옷 길이 36cm
게이지 4mm 메리야스 편물 10cm×10cm 22.5코 31단
사용 바늘 대바늘 3mm, 4mm / 케이블 40cm, 80cm
실 소요량 서틀 드리프터 1 (2) 2 (2) 2 (2) 2볼

×

예쁜 탑다운 소매산을 만들기 위해 기꺼이 피팅 모델이 되어준 아빠에게 감사를 표한다.
일반적인 니트 스웨터는 조끼보다 진동이 얕고 심지어 진동 파임이 없는 경우도 있다.
이 스웨터는 드리프터 베이직 조끼와 뜨는 방식이 거의 비슷하지만
진동이 조금 덜 파였다는 특징이 있다. 진동 파임이 거의 없는
탑다운 드롭 숄더 스타일보다는 바텀업에 가깝게 진동이 들어가기 때문에
소매 부분을 뜨기가 살짝 까다롭기도 하다.

드리프터 베이직 탑다운 스웨터

요약 설명

드리프터 베이직 탑다운 스웨터는 탑다운 방식으로 만드는 기본형 스웨터입니다. 평면뜨기로 뒤판을 먼저 뜨는데 어깨 경사를 만들면서 시작하며, 진동 늘림이 끝나면 코들을 쉬게 두고 앞판을 작업합니다. 앞판은 어깨 한쪽씩 목 부분을 만들어주면서 작업하고, 목 부분이 완성되면 양쪽 어깨를 이어서 한 번에 평면으로 작업한 뒤 뒤판과 이어서 원통으로 떠주게 됩니다. 소매는 진동에서 코를 주워 되돌아뜨기(턴)로 경사를 만들고 원통으로 작업하여 마무리합니다.

사이즈 가이드

해당 작품은 XS (S) M (L) XL (2XL) 3XL 사이즈로 제작되었습니다. 모델 착용 사이즈는 L이며, 실제 가슴둘레보다 5~10cm 여유 있게 나온 디자인입니다. 넉넉하게 레이어드하기 좋은 사이즈입니다. 남성분의 경우 실제 가슴둘레를 꼭 확인하시고, 10cm 정도 여유분을 둔 사이즈로 선택하면 좋습니다.

뒤판 뜨기

* 평면 뜨기로 뜹니다.

1. 4mm 바늘에 84 (88) 90 (92) 94 (98) 102코를 잡아줍니다.
2. 다음과 같이 안뜨기하며 마커를 2개 걸어줍니다.
   안뜨기 23 (25) 26 (27) 27 (29) 31코(어깨), 마커 걸기, 안뜨기 38 (38) 38 (38) 40 (40) 40코(목), 마커 걸기, 안뜨기 23 (25) 26 (27) 27 (29) 31코(어깨)
3. 다음과 같이 뜨면서 어깨 경사를 만들어줍니다.
   1단(겉면): 두 번째 마커까지 겉뜨기, 겉뜨기 1, 턴
   2단(안면): 두 번째 마커까지 안뜨기, 안뜨기 1, 턴
   3단(겉면): 두 번째 마커까지 겉뜨기, 턴 다음 2코까지 겉뜨기, 턴
   4단(안면): 두 번째 마커까지 안뜨기, 턴 다음 2코까지 안뜨기, 턴
   * 두 번째 마커란 2개의 마커 중 진행 방향에서 가장 끝에 놓인 마커를 말합니다.
4. 양쪽 끝에 2 (2) 1 (2) 2 (2) 2코 남을 때까지 3의 3~4단을 반복합니다. 다음 단은 겉면입니다.
5. 목(코잡은 위치 기준) 부분에서부터 셌을 때 63 (65) 65 (65) 65 (65) 65단이 될 때까지 메리야스뜨기(겉뜨기 1단, 안뜨기 1단 반복)를 합니다. 안면에서 끝나며 다음 단은 겉면입니다.

뒤판 어깨 되돌아뜨기(턴) (*드리프터 베이직 조끼와 같은 동영상)

진동 늘림

1. 다음 1~2단을 6 (6) 8 (10) 12 (13) 14회 반복합니다.
   1단(겉면): 겉뜨기 2, M1L, 마지막 2코 남을 때까지 겉뜨기, M1R, 겉뜨기 2
   2단(안면): 끝까지 안뜨기
2. 1의 1단을 한 번 더 떠줍니다. 이제 바늘에는 98 (102) 108 (114) 120 (126) 132코가 걸려 있습니다.
3. 실을 끊고 코를 쉬게 둡니다. 이제 앞판 어깨를 작업합니다.

오른쪽 어깨 뜨기

1. 뒤판 겉면을 바라본 상태에서 4mm 바늘을 이용해 바깥쪽에서 안쪽으로(어깨▶목) 23 (25) 26 (27) 27 (29) 31코를 주워줍니다.
2. 안뜨기로 1단을 뜨고 단수 카운팅을 위해 단수 표시링으로 표시를 해둡니다.
3. 메리야스뜨기로 13 (13) 13 (13) 15 (15) 15단을 떠줍니다. 안면에서 끝나며 다음 단은 겉면입니다.
4. 다음과 같이 목 늘림을 진행합니다.
   1단(겉면): 마지막 2코 남을 때까지 겉뜨기, M1R, 겉뜨기 2
   2단(안면): 끝까지 안뜨기
5. 4의 1~2단을 총 10회 반복한 뒤 1단을 한 번 더 뜹니다. 이제 바늘에 걸린 콧수는 34 (36) 37 (38) 38 (40) 42코입니다.
6. 실을 잘라서 코를 쉬게 둡니다.

앞판 어깨 뜨기
(*드리프터 베이직 조끼와 같은 동영상)

왼쪽 어깨 뜨기

1. 뒤판 겉면을 바라본 상태에서 4mm 바늘을 이용해 안쪽에서 바깥쪽으로(목▶어깨) 23 (25) 26 (27) 27 (29) 31코를 주워줍니다.
2. 안뜨기로 1단을 뜨고 단수 카운팅을 위해 단수 표시링으로 표시를 해둡니다.
3. 메리야스뜨기로 13 (13) 13 (13) 15 (15) 15단을 떠줍니다. 안면에서 끝나며 다음 단은 겉면입니다.
4. 다음과 같이 목 늘림을 진행합니다.
    1단(겉면): 겉뜨기 2, M1L, 끝까지 겉뜨기
    2단(안면): 끝까지 안뜨기
5. 4의 1~2단을 총 11회 반복합니다. 이제 바늘에 걸린 콧수는 34 (36) 37 (38) 38 (40) 42코이며, 안면까지 뜬 상태입니다.
6. 편물을 뒤집지 않고, 코가 걸린 바늘에 감아코로 16 (16) 16 (16) 18 (18) 18코를 만들어줍니다.
7. 쉬게 둔 오른쪽 어깨 부분 코들을 빈 바늘에 끼워 안뜨기로 이어서 끝까지 떠줍니다. 그러면 목 쉐이핑이 끝나고 오른쪽 어깨와 왼쪽 어깨가 합쳐진 상태가 됩니다. 다음 단은 겉면입니다.
8. 단수 카운팅을 위해 걸어둔 부분부터 단을 셌을 때 63 (65) 65 (65) 65 (65) 65단이 될 때까지 메리야스뜨기(겉뜨기 1단, 안뜨기 1단 반복)를 합니다. 안면에서 끝나며 다음 단은 겉면입니다.

진동 늘림

1. 다음 1~2단을 6 (6) 8 (10) 12 (13) 14회 반복합니다.
    1단(겉면): 겉뜨기 2, M1L, 마지막 2코 남을 때까지 겉뜨기, M1R, 겉뜨기 2
    2단(안면): 끝까지 안뜨기
2. 1의 1단을 한 번 더 떠줍니다. 이제 바늘에는 98 (102) 108 (114) 120 (126) 132코가 걸려 있습니다.
3. 편물을 뒤집지 않은 상태에서 코가 걸린 바늘에 다음과 같이 감아코를 만들어줍니다.
    감아코 2 (2) 2 (2) 2 (2) 2코, 시작 마커 걸기, 감아코 2 (2) 2 (2) 2 (2) 2코 ▶ 감아코 4코 생성
4. 쉬게 둔 뒤판 코들을 빈 바늘에 끼워 전부 겉뜨기합니다.
5. 감아코 4 (4) 4 (4) 4 (4) 4코를 만들고 앞판에 걸린 코들도 이어서 전부 겉뜨기합니다.
6. 시작 마커까지 겉뜨기한 뒤에는 평면뜨기 대신 원통뜨기로 몸통을 작업하게 되며 계속 겉뜨기로만 작업합니다.

몸통 뜨기

1. 이제 바늘에 걸린 콧수는 총 204 (212) 224 (236) 248 (260) 272코입니다. 감아코 위치에서부터 쟀을 때 30cm가 될 때까지(또는 원하는 길이만큼) 겉뜨기합니다.
2. 바늘을 3.5mm로 바꾸고 고무단을 뜨기 전에 다음과 같이 코를 줄여줍니다.
   [겉뜨기 18, 2코 한 번에 겉뜨기]를 마지막 24 (12) 24 (16) 28 (0) 12코 남을 때까지 반복, 마지막 2코 남을 때까지 겉뜨기, 2코 한 번에 겉뜨기
3. 1코 고무뜨기(겉뜨기 1, 안뜨기 1 반복)로 7cm를 뜹니다.
4. 일반 코막음 혹은 1코 고무단 돗바늘 마무리로 마무리합니다. 만약 콧수가 홀수라서 규칙이 맞지 않으면, 시작 마커 직전 2코를 안뜨기로 한 번에 떠서 맞춰주면 됩니다.

오른쪽 소매 뜨기

* 입었을 때 기준.

소매 뜨기

1. 4mm 바늘을 이용하여 새 실을 잡아 감아코 부분에서 먼저 4코를 줍고, 단 부분에서는 3단마다 2코를 주워줍니다. 그러면 총 콧수는 대략 92 (94) 98 (102) 108 (110) 110코가 됩니다.
2. 실을 끊고 양 끝을 묶어줍니다.
3. 다음과 같이 코와 코 사이에 클립형 마커를 걸어줍니다.
   1번 마커(중간 마커): 감아코 4코 중간 부분에 걸기
   2번 마커(어깨 마커): 뒤판 어깨선과 만나는 코와 코 사이에 걸기
   3번 마커(어깨 마커): 1번 마커와 2번 마커 사이의 콧수를 센 뒤, 2번 마커의 반대편에 1번 마커부터 동일한 콧수를 세어 걸기
   4번 마커(진동 마커): 앞판 진동 늘림의 시작점 부근의 코와 코 사이에 걸기
   5번 마커(진동 마커): 1번 마커와 4번 마커 사이의 콧수를 센 뒤, 4번 마커의 반대편에 1번 마커부터 동일한 콧수를 세어 걸기
4. 이제 편물을 뜨지 않고 1코씩 옮겨서 2번 마커가 걸린 부분까지 이동합니다.
5. 2번 마커를 넘기고 나서 실을 걸어 다음 1~4단을 작업합니다.
   1단(겉면): 3번 마커까지 겉뜨기, 3번 마커 넘기기, 겉뜨기 1, 턴
   2단(안면): 2번 마커까지 안뜨기, 2번 마커 넘기기, 안뜨기 1, 턴
   3단(겉면): 턴 다음 2코까지 겉뜨기, 턴
   4단(안면): 턴 다음 2코까지 안뜨기, 턴
6. 4번 마커와 5번 마커 부근에 도달할 때까지 5의 3~4단을 반복합니다. 중간에 2번 마커와 3번

마커는 제거해도 좋습니다.

* 4번 마커 및 5번 마커 직전까지 되돌아뜨기(턴)하는 경우도 있고, 1코 남기고 되돌아뜨기(턴)하는 경우도 있습니다. 두 경우 모두 맞게 뜬 것이며 양쪽에 남는 콧수만 동일하면 됩니다.

7. 4번 마커와 5번 마커를 넘어가서, 다음과 같이 뜹니다.

    1단(겉면): 턴 다음 4코까지 겉뜨기, 턴

    2단(안면): 턴 다음 4코까지 안뜨기, 턴

8. 감아코로 만든 4코 부근에 도달할 때까지 7의 1~2단을 반복합니다.

    * 감아코로 만든 4코 부근까지 되돌아뜨기(턴)하는 경우도 있고, 1~3코 남기고 되돌아뜨기(턴)하는 경우도 있습니다. 모두 맞게 뜬 것이며 양쪽에 중간 마커 기준으로 남는 콧수만 동일하면 됩니다. 마지막 턴은 안면에서 이뤄지고 겉면을 바라본 상태로 끝납니다.

9. 되돌아뜨기(턴)을 전부 마친 뒤에 1번 마커까지 쭉 겉뜨기합니다. 이제부터 1번 마커가 원통뜨기의 시작 마커가 됩니다.

10. 다음과 같이 뜨면서 소매를 줄여줍니다.

    * 겉뜨기 5 (5) 5 (4) 4 (4) 4단, 겉뜨기 1, k2tog, 시작 마커 3코 전까지 겉뜨기, ssk, 겉뜨기 1 *,

    *부터 *까지 총 21 (21) 21 (25) 25 (25) 25회 반복

11. 이제 바늘에 50 (52) 56 (52) 58 (60) 60코가 걸려 있습니다. 바늘을 3.5mm로 바꿔, 고무단을 뜨기 전에 코를 더 줄여줍니다. 단이 끝날 때까지 다음 과정을 반복합니다(마지막에 규칙이 딱 맞아떨어지지 않습니다).

    겉뜨기 8 (7) 5 (5) 5 (5) 5코, 2코 한 번에 겉뜨기

12. 1코 고무뜨기로 6cm를 뜹니다. 전체 콧수가 홀수라서 고무단 규칙에 어긋나는 경우에는 마지막 2코를 한 번에 찔러 안뜨기해 맞춰주면 됩니다.

13. 1코 고무단 돗바늘 마무리 또는 느슨하게 일반 코막음으로 마무리합니다.

왼쪽 소매 뜨기

* 입었을 때 기준.

1. 4mm 바늘을 이용하여 새 실을 잡아 감아코 부분에서 먼저 4코를 줍고, 단 부분에서는 3단마다 2코를 주워줍니다. 그러면 총 콧수는 대략 92 (94) 98 (102) 108 (110) 110코가 됩니다.

2. 실을 끊고 양 끝을 묶어줍니다.

3. 다음과 같이 코와 코 사이에 클립형 마커를 걸어줍니다.

    1번 마커(중간 마커): 감아코 4코 중간 부분에 걸기

    2번 마커(어깨 마커): 뒤판 어깨선과 만나는 코와 코 사이에 걸기

    3번 마커(어깨 마커): 1번 마커와 2번 마커 사이의 콧수를 센 뒤, 2번 마커의 반대편에 1번 마커부터 동일한 콧수를 세어 걸기

4번 마커(진동 마커): 앞판 진동 늘림의 시작점 부근의 코와 코 사이에 걸기

5번 마커(진동 마커): 1번 마커와 4번 마커 사이의 콧수를 센 뒤, 4번 마커의 반대편에 1번 마커부터 동일한 콧수를 세어 걸기

4. 이제 편물을 뜨지 않고 1코씩 옮겨서 3번 마커가 걸린 부분까지 이동합니다.
5. 3번 마커를 넘기고 나서 실을 걸어 다음 1~4단을 작업합니다.

   1단(겉면): 2번 마커까지 겉뜨기, 2번 마커 넘기기, 겉뜨기 1, 턴

   2단(안면): 3번 마커까지 안뜨기, 3번 마커 넘기기, 안뜨기 1, 턴

   3단(겉면): 2번 마커까지 겉뜨기, 2번 마커 넘기기, 턴한 부분까지 겉뜨기, 턴한 부분 한 번에 겉뜨기, 겉뜨기 2, 턴

   4단(안면): 3번 마커까지 안뜨기, 3번 마커 넘기기, 턴한 부분까지 안뜨기, 턴한 부분 한 번에 안뜨기, 안뜨기 2, 턴

6. 4번 마커와 5번 마커 부근에 도달할 때까지 5의 3~4단을 반복합니다. 중간에 2번 마커와 3번 마커는 제거해도 좋습니다.

   * 4번 마커 및 5번 마커 직전까지 되돌아뜨기(턴)하는 경우도 있고, 1코 남기고 되돌아뜨기(턴)하는 경우도 있습니다. 두 경우 모두 맞게 뜬 것이며 양쪽에 남는 콧수만 동일하면 됩니다.

7. 4번 마커와 5번 마커를 넘어가서, 다음과 같이 뜹니다.

   1단(겉면): 턴 다음 4코까지 겉뜨기, 턴

   2단(안면): 턴 다음 4코까지 안뜨기, 턴

8. 감아코로 만든 4코 부근에 도달할 때까지 7의 1~2단을 반복합니다.

   * 감아코로 만든 4코 부근까지 되돌아뜨기(턴)하는 경우도 있고, 1~3코 남기고 되돌아뜨기(턴)하는 경우도 있습니다. 모두 맞게 뜬 것이며 양쪽에 중간 마커 기준으로 남는 콧수만 동일하면 됩니다.

9. 되돌아뜨기(턴)를 전부 마친 뒤에 1번 마커까지 쭉 겉뜨기합니다. 이제부터 1번 마커가 원통뜨기의 시작 마커가 됩니다.

10. 다음과 같이 뜨면서 소매를 줄여줍니다.

    * 겉뜨기 5 (5) 5 (4) 4 (4) 4단, 겉뜨기 1, k2tog, 시작 마커 3코 전까지 겉뜨기, ssk, 겉뜨기 1 *,
    *부터 *까지 총 21 (21) 21 (25) 25 (25) 25회 반복

11. 이제 바늘에 50 (52) 56 (52) 58 (60) 60코가 걸려 있습니다. 바늘을 3.5mm로 바꿔, 고무단을 뜨기 전에 코를 더 줄여줍니다. 단이 끝날 때까지 다음 과정을 반복합니다(마지막에 규칙이 딱 맞아떨어지지 않습니다).

    겉뜨기 8 (7) 5 (5) 5 (5) 5코, 2코 한 번에 겉뜨기

12. 1코 고무뜨기로 6cm를 뜹니다. 전체 콧수가 홀수라서 고무단 규칙에 어긋나는 경우에는 마지막 2코를 한 번에 찔러 안뜨기해 맞춰주면 됩니다.

13. 1코 고무단 돗바늘 마무리 또는 느슨하게 일반 코막음으로 마무리합니다.

목 고무단 뜨기

1. 3.5mm 바늘을 이용하여 코 부분에서는 매 코 줍고, 단 부분에서는 4단마다 3코를 주워줍니다(전체 콧수는 신경 쓰지 않습니다).
2. 다음과 같이 코줍기를 합니다.
   뒷목 부분에서 매 코 줍기, 목 앞부분의 감아코 만든 지점에 이르기 전까지 3코 줍고 1단 거르고 줍기, 감아코 만든 지점에서 매 코 줍기, 뒷목 부분으로 되돌아갈 때까지 3코 줍고 1단 거르고 줍기
3. 시작 마커를 걸고 1코 고무뜨기로 3~4cm를 떠줍니다. 만약 콧수가 홀수라서 규칙이 맞지 않을 때에는 시작 마커 직전 2코를 안뜨기로 한 번에 떠서 맞춰주면 됩니다.
4. 1코 고무단 돗바늘 마무리로 마무리합니다.

×

집에서 입던 면바지를 자세히 들여다보니,
이제는 재단선이 M1L, M1R로 보이기 시작했다.
'원통으로 떠볼 수 있겠는데?' 하는 생각이 들어서 바로 코를 잡고 완성했다.
완성한 바지를 입고 신난 모습은 김대리의 유튜브 채널에서 확인할 수 있다.

드리프터 베이직 반바지

요약 설명

드리프터 베이직 반바지는 드리프터 베이직 탑다운 스웨터나 드리프터 베이직 조끼와 세트로 입으면 좋습니다. 탑다운 방식으로 전체를 원통뜨기 하기 때문에 쉽고 빠르게 뜰 수 있습니다. 먼저 허리 고무줄이 들어갈 부분을 뜬 다음 고무줄을 감싸며 마감합니다. 그리고 나서 엉덩이 부분을 코를 늘리고 다리를 분리하여 각각 떠주게 됩니다. 다리 길이를 마음껏 조절할 수 있어 취향에 따라 원하는 기장의 바지를 완성할 수 있습니다.

사이즈 가이드

해당 작품은 XS (S) M (L) XL (2XL) 3XL 사이즈로 제작되었습니다. 모델 착용 사이즈는 L입니다. 바지는 골반 둘레에 딱 맞거나 약간 작은 사이즈로 선택하는 것이 좋습니다.

허리 뜨기

1. 3mm 바늘에 166 (172) 176 (180) 184 (190) 194코를 잡고 시작 마커를 걸어줍니다.
2. 원통뜨기로 겉뜨기 11단, 안뜨기 1단, 겉뜨기 11단을 차례대로 떠줍니다.
3. 허리 부분에 넣을 20mm 고무줄을 72 (74) 76 (78) 80 (82) 84cm 또는 골반과 배꼽 사이 부분의 둘레보다 2cm 짧은 길이로 잘라 준비해둡니다.
4. 다음 단을 뜰 차례가 되면 오른쪽 바늘로 코를 잡은 부분에서 코를 주워 왼쪽 바늘로 옮겨준 뒤 2코를 한 번에 떠줍니다. 이 과정을 단이 끝날 때까지 반복합니다. 이때 시접 안에 고무줄을 넣고 감싸면서 뜹니다. 마지막 10코가 남았을 때, 고무줄의 끝과 끝을 꿰매고 끝까지 떠서 단을 마무리합니다.
5. 바늘을 4mm로 바꾸고, 다음과 같이 마커를 걸어 코를 구분해줍니다.
   겉뜨기 82 (86) 88 (90) 92 (95) 97, 중간 마커 걸기, 겉뜨기 82 (86) 88 (90) 92 (95) 97

허리 고무줄 넣기

엉덩이 뜨기

1. 다음과 같이 시작 마커와 중간 마커 양옆에서 코늘림을 진행합니다.
   * 겉뜨기 5단, 시작 마커 넘기기, 겉뜨기 1, M1L, 중간 마커 1코 전까지 겉뜨기, M1R, 겉뜨기 1, 중간 마커 넘기기, 겉뜨기 1, M1L, 시작 마커 1코 전까지 겉뜨기, M1R, 겉뜨기 1 * ▶ 4코 증가
   *부터 *까지 총 10회 반복합니다.
2. 다음과 같이 뜹니다.
   * 겉뜨기 2단, 시작 마커 넘기기, 겉뜨기 1, M1L, 시작 마커 1코 전까지 겉뜨기, M1R, 겉뜨기 1, 겉뜨기 2단, 시작 마커 넘기기, 겉뜨기 1, M1L, 중간 마커 1코 전까지 겉뜨기, M1R, 겉뜨기 1, 중간 마커 넘기기, 겉뜨기 1, M1L, 시작 마커 1코 전까지 겉뜨기, M1R, 겉뜨기 1 * ▶ 6코 증가
   *부터 *까지 총 2 (2) 3 (3) 4 (4) 5회 반복합니다.
3. 겉뜨기로 1단을 뜬 뒤, 다음과 같이 뜹니다.
   * 시작 마커 넘기기, 겉뜨기 1, M1L, 시작 마커 1코 전까지 겉뜨기, M1R, 겉뜨기 1 * ▶ 2코 증가
   *부터 *까지 총 4회 반복합니다. 이제 바늘에는 226 (232) 242 (246) 256 (262) 272코가 걸려 있습니다.

다리 분리 및 오른쪽 다리 뜨기

1. 다음과 같이 다리 부분을 분리합니다.
   중간 마커까지 113 (116) 121 (123) 128 (131) 136코 겉뜨기, 중간 마커 빼기, 시작 마커까지의 113 (116) 121 (123) 128 (131) 136코 자투리 실에 빼두기, 감아코 10코 만들기
2. 이제 다리 부분이 분리되었습니다. 왼쪽 바늘에 걸린 첫 코부터 찔러 원통으로 이어서 떠줍니다. 겉뜨기로 10단(또는 원하는 길이만큼)을 뜹니다.
3. 다음과 같이 아이코드 코막음으로 마무리합니다.
   왼쪽 바늘에 겉뜨기 코잡기로 4코 만들기, * 겉뜨기 3, 뒤쪽으로 찔러 2코 한 번에 겉뜨기, 4코 다시 왼쪽 바늘에 옮기기 *, 단이 끝날 때까지 *부터 *을 반복
4. 오른쪽 바늘에 4코가 남으면 돗바늘로 마무리합니다.

아이코드
코막음

왼쪽 다리 뜨기

1. 자투리 실에 빼둔 코를 다시 바늘에 끼우고, 시작 마커를 건 뒤 감아코 10코를 만든 부분에서 10코를 주워줍니다.
2. 시작 마커까지 겉뜨기한 다음, 겉뜨기로 10단을 더 뜹니다.
3. 다음과 같이 아이코드 코막음으로 마무리합니다(오른쪽 다리와 동일).
   왼쪽 바늘에 겉뜨기 코잡기로 4코 만들기, * 겉뜨기 3, 뒤쪽으로 찔러 2코 한 번에 겉뜨기, 4코 다시 왼쪽 바늘에 옮기기 *, 단이 끝날 때까지 *부터 *을 반복

마무리

돗바늘로 자투리 실을 모두 정리해줍니다. 늘림이 많이 진행된 쪽이 바지의 엉덩이 부분이 되며 앞뒤 구분을 위해 라벨을 달아두는 것도 좋습니다.

10

마제스틱 브리오쉬 니트 집업 카디건

사이즈 XS (S) M (L) XL (2XL) 3XL
가슴둘레 100 (105) 105 (110) 120 (125) 132cm
옷 길이 56cm
게이지 4mm 브리오쉬 편물 10cm×10cm 18~20코 26단
사용 바늘 대바늘 4mm / 케이블 40cm, 80cm
실 소요량 마제스틱 9 (10) 10 (11) 11 (12) 12볼

×

온라인으로 구매했던 브리오쉬 짜임의 집업 니트를 보풀이 무성할 때까지 입었다.
'이건 내가 꼭 뜨고 말리라!' 하는 결심으로 작업에 돌입했지만……
웬걸? 그냥 다시 사서 입을 걸 그랬다(울음).
브리오쉬 짜임이 좀처럼 잘 나오지 않아서 6개월간 찔끔찔끔 완성했다.
작업할 때만 해도 다시는 브리오쉬 니트는 하지 않을 거라고 다짐했지만,
완성하고 나서는 "역시 브리오쉬!"라는 탄성과 함께 거울 앞을 떠나지 못했다는 후문.

요약 설명

마제스틱 브리오쉬 니트 집업 카디건은 브리오쉬 기법을 접목한 래글런 스타일 카디건입니다. 손뜨개에 주로 쓰이는 메리야스뜨기 대신에 브리오쉬 뜨기를 사용했다는 것 외에, 기본적인 구성은 래글런 스타일 카디건과 거의 비슷합니다. 구조 자체는 어렵지 않기 때문에 브리오쉬 기법만 잘 파악한다면 부담 없이 완성할 수 있습니다(전반적인 난이도는 조금 높은 편입니다).

사이즈 가이드

해당 작품은 XS (S) M (L) XL (2XL) 3XL 사이즈로 제작되었습니다. 모델 착용 사이즈는 L이며, 실제 가슴둘레보다 5~10cm 여유 있게 나온 디자인입니다. 브리오쉬 조직은 신축성이 크기 때문에 육안으로 봤을 때의 사이즈보다 입었을 때의 사이즈가 더 큽니다. 시간이 지날수록 무게로 인해 늘어지기 때문에, 정사이즈로 선택하는 것이 좋습니다.

브리오쉬 뜨기에 관하여

브리오쉬 뜨기는 앞뒤로 똑같은 무늬를 내는 뜨개질 기법입니다. 일반 메리야스뜨기나 고무뜨기와 달리 이중구조로 이뤄지기 때문에, 겉면에서 ∨자 1개가 만들어지려면 2단을 떠줘야 합니다. 즉, ∨자 모양 1개는 1단이 아니라 2단이 됩니다.

해당 도안에서의 단은 말 그대로 직접 뜨는 단을 가리키기 때문에, 편물을 보면서 단을 세는 경우에는 ∨자 1개를 2단으로 치고, 직접 뜨면서 단을 세는 경우에는 편물을 뒤집을 때마다 1단이라고 생각하면 됩니다.

용어 및 기법 설명

- **Slyo(slip one yarn over)**: 실을 앞으로 가져와 안뜨기 방향으로 코 넘기기.
- **Brk(brioche knit)**: 브리오쉬 겉뜨기. 겹쳐진 2코를 한 번에 겉뜨기하기.
- **Brp(brioche purl)**: 브리오쉬 안뜨기. 겹쳐진 2코를 한 번에 안뜨기하기.
- **브리오쉬 패턴대로 뜨기**: 1코로 보이는 코는 Slyo로 뜨고, 두 가닥이 겹쳐진 코는 한 번에 Brk 또는 Brp로 뜨기(평면 뜨기에서는 항상 [Slyo, Brk 1] 규칙을 따름).
- **브리오쉬 턴**: Brk까지 뜬 상태에서 편물을 뒤집어 실을 안쪽으로 가져온 뒤, 오른쪽 바늘을 이용해 왼쪽 바늘에 걸린 코를 안뜨기 방향으로 옮기고 실을 바늘 위에 얹으며 뒤로 보내준다.
- **안면에서 끝코 처리**: 실을 앞에 두고 안뜨기 방향으로 1코 거르기, 마지막 2코 남을 때까지 브리오쉬 패턴대로 뜨기, 실을 앞에 두고 안뜨기 방향으로 1코 거르기(실이 걸쳐지지 않음), 안뜨기 1
- **겉면에서 끝코 처리**: 실을 뒤에 두고 안뜨기 방향으로 1코 거르기, 겉뜨기 1, 마지막 1코 남을 때까지 브리오쉬 패턴대로 뜨기, 겉뜨기 1
- **브리오쉬 코늘림**: Brk코를 뜬 상태에서, 왼쪽 바늘에서 코를 빼지 않고 오른쪽 바늘에 실을 한 번 걸친 뒤 다시 왼쪽 바늘에 걸린 코에 찔러 넣어 실을 끌고 나온 다음 왼쪽 바늘에서 코를 빼준다. ▶ 2코 증가
- **브리오쉬 코줄임**: 실을 뒤로 보낸 상태에서, Brk코를 겉뜨기 방향으로 찔러서 오른쪽 바늘로 뜨지 않고 옮기고 그다음 2코를 k2tog로 떠준 뒤 옮겼던 Brk코를 방금 떠준 k2tog코에 덮어씌운다. ▶ 2코 감소

브리오쉬 뜨기 기초 기법

브리오쉬 뜨기 틀렸을 때 대처법

브리오쉬 편물 조각 연습하기

1. 일반 코잡기로 27코를 잡고 다음과 같이 뜹니다.
   - **셋업단(안면)**: 실을 앞에 두고 안뜨기 방향으로 1코 거르기, 마지막 2코 남을 때까지 [Slyo, 겉뜨기 1] 반복, 실을 앞에 두고 안뜨기 방향으로 1코 거르기(실이 걸쳐지지 않음), 안뜨기 1
   - **1단(겉면)**: 실을 뒤에 두고 안뜨기 방향으로 1코 거르기, 겉뜨기 1, 마지막 1코 남을 때까지 [Slyo, Brk 1] 반복, 겉뜨기 1
   - **2단(안면)**: 실을 앞에 두고 안뜨기 방향으로 1코 거르기, 마지막 2코 남을 때까지 [Slyo, Brk 1] 반복, 실을 앞에 두고 안뜨기 방향으로 1코 거르기(실이 걸쳐지지 않음), 안뜨기 1

2. 1의 1~2단을 반복하며 길이가 10cm 이상 될 때까지 뜹니다.

3. 1의 1단(겉면)을 한 번 더 떠줍니다. 다음 단은 안면입니다.

4. 다음과 같이 안면을 뜨면서 마커를 걸어줍니다.

    10코 브리오쉬 패턴대로 뜨기(걸러준 코도 1코를 뜬 것으로 칩니다), 마커 걸기, 7코 브리오쉬 패턴대로 뜨기, 마커 걸기, 끝까지 브리오쉬 패턴대로 뜨기

    TIP 브리오쉬 패턴대로 뜰 때에는 안면과 겉면을 구분하여 끝코 처리를 해야 합니다. 겉면 편물에 클립형 마커를 걸고 구분하면 편합니다.

5. 다음과 같이 뜨며 코늘림과 브리오쉬 턴을 연습합니다.
   - **1단(겉면, 코늘림)**: 마커 1코 전까지 브리오쉬 패턴대로 뜨기, 브리오쉬 코늘림, 마커 넘기기, 마커까지 브리오쉬 패턴대로 뜨기, 마커 넘기기, 브리오쉬 코늘림, 끝까지 브리오쉬 패턴대로 뜨기
   - **2단(안면)**: 브리오쉬 패턴대로 뜨기

    *코늘림한 부분을 만나면 [Slyo, Brk 1, Slyo] 규칙대로 떠줍니다.

   - **3단(겉면)**: 브리오쉬 패턴대로 뜨기
   - **4단(안면)**: 브리오쉬 패턴대로 뜨기
   - **5단(겉면, 코늘림)**: 마커 1코 전까지 브리오쉬 패턴대로 뜨기, 브리오쉬 코늘림, 마커 넘기기, 래글런 7코 브리오쉬 패턴대로 뜨기, 마커 넘기기, 브리오쉬 코늘림, Slyo, Brk 1, 턴
   - **6단(안면)**: 마지막 마커 다음 4코(Brk코)까지 브리오쉬 패턴대로 뜨기, 턴
   - **7단(겉면)**: 턴한 코 2코 다음까지 브리오쉬 패턴대로 뜨기, 턴
   - **8단(안면)**: 턴한 코 2코 다음까지 브리오쉬 패턴대로 뜨기, 턴
   - **9단(겉면, 코늘림)**: 마커 1코 전까지 브리오쉬 패턴대로 뜨기, 브리오쉬 코늘림, 마커 넘기기, 래글런 9코 브리오쉬 패턴대로 뜨기, 마커 넘기기, 브리오쉬 코늘림, 턴한 코 2코 다음까지 브리오쉬 패턴대로 뜨기, 턴
   - **10단(안면)**: 끝까지 브리오쉬 패턴대로 뜨기(더 이상 턴하지 않음)

6. 다음과 같이 고무단을 떠줍니다.
   - **1단(겉면)**: 안뜨기 방향으로 1코 거르기, 마지막 2코 남을 때까지 [겉뜨기 1, 안뜨기 1] 반복, 겉뜨기 2
   - **2단(안면)**: 안뜨기 방향으로 1코 거르기, 마지막 2코 남을 때까지 [안뜨기 1, 겉뜨기 1] 반복, 안뜨기 2

7. 6의 1~2단을 2회 반복한 뒤, 코막음하여 마무리합니다.

8. 다 뜬 편물 조각은 세탁하여 잘 말린 다음 자연스럽게 펼쳐놓고 게이지를 측정합니다. 브리오쉬 조직은 잘 늘어나서 정확한 게이지 측정이 어려울 수 있기 때문에 주의 바랍니다. 게이지 차이가 4코 이상 날 경우에만 바늘 사이즈를 조절하여 게이지를 맞춰줍니다.

코잡기 및 목 칼라 부분 뜨기

1. 4mm 바늘에 다음과 같이 마커를 걸며 일반 코잡기로 119 (119) 119 (119) 125 (129) 129코를 잡아줍니다.
   14 (14) 14 (14) 16 (16) 16코(앞판)/9 (9) 9 (9) 9 (9) 9코(래글런)/13 (13) 13 (13) 13 (15) 15코(소매)/9 (9) 9 (9) 9 (9) 9코(래글런)/29 (29) 29 (29) 31 (31) 31코(뒤판)/9 (9) 9 (9) 9 (9) 9코(래글런)/13 (13) 13 (13) 13 (15) 15코(소매)/9 (9) 9 (9) 9 (9) 9코(래글런)/14 (14) 14 (14) 16 (16) 16코(앞판)

   */ 모양은 마커 위치입니다.

2. 다음과 같이 1코 고무뜨기를 합니다. 총 22cm가 될 때까지 1~2단을 반복합니다. 다음 단은 안면입니다.
   1단(안면): 안뜨기 방향으로 1코 거르기, 마지막 2코 남을 때까지 [안뜨기 1, 겉뜨기 1] 반복, 안뜨기 2
   2단(겉면): 안뜨기 방향으로 1코 거르기, 마지막 2코 남을 때까지 [겉뜨기 1, 안뜨기 1] 반복, 겉뜨기 2

   * 중간에 걸린 마커는 넘겨가며 떠줍니다.

TIP 목 고무단을 길게 떠서 가장 마지막에 돗바늘로 반을 접어 꿰매어 완성하게 됩니다. 돗바늘 작업이 싫은 분들은 22cm 고무단을 뜬 뒤, 마지막 2단(겉면)을 뜰 차례에 다음과 같이 뜨면서 이어주고 브리오쉬 뜨기를 진행해주세요.
   고무단 패턴대로 7코 뜨기, 마지막 7코 남을 때까지 코잡은 부분에서 코를 주워 왼쪽 바늘로 옮겨준 뒤 2코를 한 번에 뜨기(뜨면서 계속 고무단 패턴을 유지해야 하며 코잡은 부분에서도 7코 건너뛰고 합쳐주어야 지퍼를 달아줄 7코 부분이 합쳐지지 않음), 7코 고무단 패턴대로 뜨기
   * 드리프터 베이직 반바지 허리 부분 고무줄 넣기 동영상(143쪽)을 참고하여 응용해보세요.

브리오쉬 뜨기

* 계속 4mm 바늘로 작업합니다.

1. 다음과 같이 떠줍니다.

   셋업단(안면): 실을 앞에 두고 안뜨기 방향으로 1코 거르기, 마지막 2코 남을 때까지 [Slyo, 겉뜨기 1] 반복, 실을 앞에 두고 안뜨기 방향으로 1코 거르기(실이 걸쳐지지 않음), 안뜨기 1

   1단(겉면): 실을 뒤에 두고 안뜨기 방향으로 1코 거르기, 겉뜨기 1, 마지막 1코 남을 때까지 [Slyo, Brk 1] 반복, 겉뜨기 1

   2단(안면): 실을 앞에 두고 안뜨기 방향으로 1코 거르기, 마지막 2코 남을 때까지 [Slyo, Brk 1] 반복, 실을 앞에 두고 안뜨기 방향으로 1코 거르기(실이 걸쳐지지 않음), 안뜨기 1

   3단(겉면): 실을 뒤에 두고 안뜨기 방향으로 1코 거르기, 마지막 13 (13) 13 (13) 15 (15) 15코 남을 때까지 브리오쉬 패턴대로 뜨기(마지막 마커 다음 1코(Brk코)까지 뜨기), 턴

   4단(안면): 마지막 12 (12) 12 (12) 14 (14) 14코 남을 때까지 브리오쉬 패턴대로 뜨기(마지막 마커 다음 2코(Brk코)까지 뜨기), 턴

   5단(겉면, 늘림단): * 마커 1코 전까지 브리오쉬 패턴대로 뜨기, 브리오쉬 코늘림, 마커 넘기기, 래글런 9코 브리오쉬 패턴대로 뜨기, 마커 넘기기, 브리오쉬 코늘림 *, *부터 *까지 총 4회 반복, Slyo, Brk 1, 턴 ▶ 총 16코 증가

   6단(안면): 턴한 코 2코 다음까지 브리오쉬 패턴대로 뜨기, 턴

   7단(겉면): 턴한 코 2코 다음까지 브리오쉬 패턴대로 뜨기, 턴

   8단(안면): 턴한 코 2코 다음까지 브리오쉬 패턴대로 뜨기, 턴

   9단(겉면): 턴한 코 2코 다음까지 브리오쉬 패턴대로 뜨기, 턴

   10단(안면): 턴한 코 2코 다음까지 브리오쉬 패턴대로 뜨기, 턴

   11단(겉면, 늘림단): 래글런 양옆으로 늘림 진행하며 턴한 코 2코 다음까지 브리오쉬 패턴대로 뜨기, 턴 ▶ 총 16코 증가

   TIP 래글런 양옆으로 늘림 진행하는 '늘림단' 뜨는 법:

   * 마커 1코 전까지 브리오쉬 패턴대로 뜨기, 브리오쉬 코늘림, 마커 넘기기, 래글런 9코 브리오쉬 패턴대로 뜨기, 마커 넘기기, 브리오쉬 코늘림 *, *부터 *까지 총 4회 반복

   12단(안면): 턴한 코 2코 다음까지 브리오쉬 패턴대로 뜨기, 턴

   13단(겉면): 턴한 코 2코 다음까지 브리오쉬 패턴대로 뜨기, 턴

   14단(안면, 마지막 턴): 턴한 코 2코 다음까지 브리오쉬 패턴대로 뜨기, 턴

   15단(겉면): 마지막 1코 남을 때까지 브리오쉬 패턴대로 뜨기, 겉뜨기 1

   * 턴 없이 단의 끝까지 뜨며 턴해준 부분도 마찬가지로 떠주고 지나갑니다.

   16단(안면): 실을 앞에 두고 안뜨기 방향으로 1코 거르기, 마지막 2코 남을 때까지 [Slyo, Brk 1] 반복, 실을 앞에 두고 안뜨기 방향으로 1코 거르기(실이 걸쳐지지 않음), 안뜨기 1

   17단(겉면, 늘림단): 실을 뒤에 두고 안뜨기 방향으로 1코 거르기, 겉뜨기 1, 마지막 1코 남을 때까지 래글런 양옆으로 늘림 진행하며 브리오쉬 패턴대로 뜨기, 겉뜨기 1 ▶ 총 16코 증가

2. 이제 바늘에 걸린 콧수는 다음과 같습니다.

    20 (20) 20 (20) 22 (22) 22코(앞판)/ 9 (9) 9 (9) 9 (9) 9코(래글런)/ 25 (25) 25 (25) 25 (27) 27코(소매)/ 9 (9) 9 (9) 9 (9) 9코(래글런)/ 41 (41) 41 (41) 43 (43) 43코(뒤판)/ 9 (9) 9 (9) 9 (9) 9코(래글런)/ 25 (25) 25 (25) 25 (27) 27코(소매)/ 9 (9) 9 (9) 9 (9) 9코(래글런)/ 20 (20) 20 (20) 22 (22) 22코(앞판)

    * / 모양은 마커 위치입니다.

3. 다음 콧수에 도달할 때까지 [브리오쉬 패턴대로 5단, 늘림단 1단]을 총 1 (2) 2 (3) 9 (11) 13회 반복합니다(브리오쉬 패턴대로 뜰 때 안면과 겉면에서 끝코 처리 동일하게 적용하면 됩니다).

    22 (24) 24 (26) 40 (44) 48코(앞판)/ 9 (9) 9 (9) 9 (9) 9코(래글런)/ 29 (33) 33 (37) 61 (71) 79코(소매)/ 9 (9) 9 (9) 9 (9) 9코(래글런)/ 45 (49) 49 (53) 79 (87) 95코(뒤판)/ 9 (9) 9 (9) 9 (9) 9코(래글런)/ 29 (33) 33 (37) 61 (71) 79코(소매)/ 9 (9) 9 (9) 9 (9) 9코(래글런)/ 22 (24) 24 (26) 40 (44) 48코(앞판)

    * / 모양은 마커 위치입니다.

4. 다음 콧수에 도달할 때까지 [브리오쉬 패턴대로 7단, 늘림단 1단]을 총 7 (7) 7 (7) 3 (2) 1회 반복합니다.

    36 (38) 38 (40) 46 (48) 50코(앞판)/ 9 (9) 9 (9) 9 (9) 9코(래글런)/57 (61) 61 (65) 73 (79) 83코(소매)/ 9 (9) 9 (9) 9 (9) 9코(래글런)/73 (77) 77 (81) 91 (95) 99코(뒤판)/ 9 (9) 9 (9) 9 (9) 9코(래글런)/ 57 (61) 61 (65) 73 (79) 83코(소매)/ 9 (9) 9 (9) 9 (9) 9코(래글런)/ 36 (38) 38 (40) 46 (48) 50코(앞판)

    * / 모양은 마커 위치입니다.

5. 브리오쉬 패턴대로 3 (1) 5 (3) 3 (1) 3단을 더 뜹니다.

6. 겉면을 뜰 차례에 다음과 같이 소매를 분리합니다. 마커는 모두 빼줍니다.

    46 (48) 48 (50) 56 (58) 60코 브리오쉬 패턴대로 뜨기(앞판 전체 코+래글런 9코+소매 1코), 소매에 해당하는 55 (59) 59 (63) 71 (77) 81코를 여분의 케이블이나 자투리 실에 빼두기, 감아코 9코, 93 (97) 97 (101) 111 (115) 119코 브리오쉬 패턴대로 뜨기(소매 1코+래글런 9코+뒤판 전체 코+래글런 9코+소매 1코), 소매에 해당하는 55 (59) 59 (63) 71 (77) 81코를 여분의 케이블이나 자투리 실에 빼두기, 감아코 9코, 나머지 코 모두 브리오쉬 패턴대로 뜨기

몸통 뜨기

1. 이제 몸통과 소매가 분리되고, 바늘에는 몸통 부분 코들만 걸려 있습니다. 감아코 지점부터 26 (25) 25 (23) 23 (21) 21cm(또는 원하는 길이만큼)가 될 때까지 브리오쉬 패턴대로 뜹니다.
   * 감아코 지점을 만나면 첫 번째 단에서는 [겉뜨기 1, 안뜨기 1] 규칙으로 떠주고, 그다음 단부터는 브리오쉬 패턴을 유지하며 떠줍니다. 원하는 길이가 되면 안면까지 뜨고 끝납니다.
2. 겉면부터 다음과 같이 고무단을 떠줍니다. 길이가 8cm가 될 때까지 1~2단을 반복합니다.
   1단(겉면): 안뜨기 방향으로 1코 거르기, 마지막 2코 남을 때까지 [겉뜨기 1, 안뜨기 1] 반복, 겉뜨기 2
   2단(안면): 안뜨기 방향으로 1코 거르기, 마지막 2코 남을 때까지 [안뜨기 1, 겉뜨기 1] 반복, 안뜨기 2
3. 1코 고무단 돗바늘 마무리로 코막음합니다.

소매 뜨기

1. 쉬게 둔 소매 부분 코들을 바늘에 끼워줍니다. 새 실을 이용해, 감아코로 만든 9코 부근의 오른쪽 끝부터 5코 줍고, 시작 마커 걸고, 4코를 더 줍습니다(총 9코 줍기). 이때 ∧자 모양 코와 ㅡ자 모양 코에서 각각 1코씩 주워야 어긋나지 않습니다.
2. 다음과 같이 원통뜨기로 브리오쉬 뜨기를 시작합니다.
   감아코 주운 곳까지 [Slyo, Brk 1] 반복, 소매 부분 마지막 안뜨기코와 첫 번째 감아코를 한 번에 찔러 Slyo, 겉뜨기 1, Slyo, 겉뜨기 1, Slyo, 시작 마커 넘기기, Slyo, 안뜨기 1, Slyo, 마지막 감아코와 소매 부분 첫 번째 Slyo코를 한 번에 찔러 Brp, 시작 마커로 돌아올 때까지 [Slyo, Brp 1] 반복

소매 뜨기

3. 소매 길이가 감아코 지점에서부터 30cm(또는 원하는 길이만큼)가 될 때까지 다음 1~2단을 반복합니다(브리오쉬 편물 조직의 특성상 시간이 지나면서 많이 늘어나기 때문에 실제 착용했을 때 약간 짧은 길이로 뜨는 게 좋습니다).
   1단(Brk단): 단이 끝날 때까지 [Brk 1, Slyo] 반복
   2단(Brp단): 단이 끝날 때까지 [Slyo, Brp 1] 반복
4. 다음과 같이 소매를 줄이고 고무단을 떠줍니다.
   1단: Brk 1, 단이 끝날 때까지 [Slyo, Brk 1, Slyo, 브리오쉬 코줄임] 반복, 남은 코 브리오쉬 패턴대로 뜨기
   2단: [겉뜨기 1, 안뜨기 1] 반복

브리오쉬
코줄임

5. 고무단 길이가 8cm가 될 때까지 [겉뜨기 1, 안뜨기 1]을 계속 반복합니다.
6. 1코 고무단 돗바늘 마무리로 코막음합니다. 반대쪽 소매도 동일하게 작업해줍니다.

지퍼 달고 칼라 꿰매기

1. 칼라 부분의 반을 안쪽으로 접은 뒤 양 끝 7코를 제외한 부분에 지퍼가 들어갈 부분을 남기고 돗바늘로 감침질합니다.
2. 지퍼는 옷 길이에 맞게 잘라 준비한 다음 지퍼는 시침핀을 꽂아 고정시켜둡니다. 지퍼의 천 부분이 겉으로 드러나지 않도록 바느질용 바늘과 실로 꿰매줍니다(지퍼 달기는 니트 전문 수선집 등의 도움을 받을 수도 있습니다).

    TIP 꿰매지 않은 고무단 양 끝 7코 부분에서 7코를 주워 메리야스뜨기로 옷의 끝부분까지 뜬 뒤, 지퍼 천 부분을 덮어 꿰매면 더 깔끔하게 마감할 수 있습니다.

11
코튼 3 반팔
탑다운 카디건

사이즈 XS (S) M (L) XL (2XL)
가슴둘레 86 (90) 95 (100) 105 (108)cm
옷 길이 43 (45) 48 (50) 52 (55)cm
게이지 3.5mm 메리야스 편물 10cm×10cm 25코 35단
사용 바늘 대바늘 3mm, 3.5mm / 케이블 80cm
　　　　　(*소매 부분은 매직 루프나 숏팁으로 뜨기)
실 소요량 필 코튼 3 6 (6) 7 (7) 8 (8)볼

×

여름에 반팔 카디건을 입으면 왠지 모르게 갖춰 입었다는 느낌이 든다.
평소에 기본 티를 즐겨 입다가도
어느 날 갑자기 옷이 너무 재미없게 느껴지면 반팔 카디건을 입곤 했다.
오래전 친구와 홍대 옷 가게에서 하늘색 반팔 카디건을 산 적이 있다.
너무 자주 입어서 이제는 입을 수 없어진 그 옷 대신,
다음 여름에 하늘색으로 하나 떠야겠다.

요약 설명

도안은 메인 바늘 3.5mm와 고무단 바늘 3mm를 기준으로 만들어졌습니다. 메인 바늘 4mm와 고무단 바늘 3.5mm를 사용하면 완성본은 도안상 치수보다 3~4cm 여유 있게 제작됩니다. 바늘 사이즈를 키워서 작업하면 짜임새가 덜 탄탄해져 조금 더 부드러우면서도 흐물거리는 편물을 얻을 수 있습니다. 취향에 따라 바늘 사이즈를 조절하여 제작하는 것을 추천합니다.

사이즈 가이드

해당 작품은 XS (S) M (L) XL (2XL) 사이즈로 제작되었습니다. 모델 착용 사이즈는 S이며, 실제 가슴둘레보다 5~7cm 여유 있게 나온 디자인입니다. 단독으로 입는 스타일이기 때문에 몸에 맞게 정사이즈로 선택하는 것이 좋습니다.

코잡기

다음과 같이 마커를 걸어 콧수를 구분하여 잡아줍니다.

- **XS, S, M**: 2(앞판)/1(래글런)/2(소매)/1(래글런)/38(뒤판)/1(래글런)/2(소매)/1(래글런)/2(앞판)
- **L, XL, 2XL**: 2(앞판)/1(래글런)/4(소매)/1(래글런)/42(뒤판)/1(래글런)/4(소매)/1(래글런)/2(앞판)
  * / 모양은 마커 위치입니다.

래글런 늘림과 앞판 늘림

1. 다음과 같이 뜹니다.

    1단: 안뜨기

    2단(래글런 늘림): 마커까지 겉뜨기(앞판), M1R, 마커 넘기기, 겉뜨기 1(래글런), 마커 넘기기, M1L, 마커까지 겉뜨기(소매), M1R, 마커 넘기기, 겉뜨기 1(래글런), 마커 넘기기, M1L, 마커까지 겉뜨기(뒤판), M1R, 마커 넘기기, 겉뜨기 1(래글런), 마커 넘기기, M1L, 마커까지 겉뜨기(소매), M1R, 마커 넘기기, 겉뜨기 1(래글런), 마커 넘기기, M1L, 끝까지 겉뜨기(앞판)

    3단: 안뜨기

    4단(래글런 늘림+앞판 늘림): 겉뜨기 2, M1L, 마커까지 겉뜨기(앞판), M1R, 마커 넘기기, 겉뜨기 1(래글런), 마커 넘기기, M1L, 마커까지 겉뜨기(소매), M1R, 마커 넘기기, 겉뜨기 1(래글런), 마커 넘기기, M1L, 마커까지 겉뜨기(뒤판), M1R, 마커 넘기기, 겉뜨기 1(래글런), 마커 넘기기, M1L, 마커까지 겉뜨기(소매), M1R, 마커 넘기기, 겉뜨기 1(래글런), 마커 넘기기, M1L, 마지막 2코 남을 때까지 겉뜨기, M1R, 겉뜨기 2

2. 1의 1~4단을 계속 반복하며 다음 콧수에 도달할 때까지 떠줍니다.
   - **XS, S, M**: 47(앞판)/1(래글런)/62(소매)/1(래글런)/98(뒤판)/1(래글런)/62(소매)/1(래글런)/47(앞판)
   - **L, XL, 2XL**: 53(앞판)/1(래글런)/72(소매)/1(래글런)/110(뒤판)/1(래글런)/72(소매)/1(래글런)/53(앞판)
   * / 모양은 마커 위치입니다.

래글런 늘림

1. 이제 앞판은 늘리지 않고 래글런 코 양쪽에서 늘림만 반복합니다.
   1단(안면): 안뜨기
   2단(겉면, 래글런 늘림): 마커까지 겉뜨기(앞판), M1R, 마커 넘기기, 겉뜨기 1(래글런), 마커 넘기기, M1L, 마커까지 겉뜨기(소매), M1R, 마커 넘기기, 겉뜨기 1(래글런), 마커 넘기기, M1L, 마커까지 겉뜨기(뒤판), M1R, 마커 넘기기, 겉뜨기 1(래글런), 마커 넘기기, M1L, 마커까지 겉뜨기(소매), M1R, 마커 넘기기, 겉뜨기 1(래글런), 마커 넘기기, M1L, 끝까지 겉뜨기(앞판)

2. 1의 1~2단을 총 1 (3) 6 (2) 5 (7)회 반복하여 사이즈별로 다음 콧수에 도달할 때까지 떠줍니다.
   - **XS**: 48(앞판)/1(래글런)/64(소매)/1(래글런)/100(뒤판)/1(래글런)/64(소매)/1(래글런)/48(앞판)
   - **S**: 50(앞판)/1(래글런)/68(소매)/1(래글런)/104(뒤판)/1(래글런)/68(소매)/1(래글런)/50(앞판)
   - **M**: 53(앞판)/1(래글런)/74(소매)/1(래글런)/110(뒤판)/1(래글런)/74(소매)/1(래글런)/53(앞판)
   - **L**: 55(앞판)/1(래글런)/76(소매)/1(래글런)/114(뒤판)/1(래글런)/76(소매)/1(래글런)/55(앞판)
   - **XL**: 58(앞판)/1(래글런)/82(소매)/1(래글런)/120(뒤판)/1(래글런)/82(소매)/1(래글런)/58(앞판)
   - **2XL**: 60(앞판)/1(래글런)/86(소매)/1(래글런)/124(뒤판)/1(래글런)/86(소매)/1(래글런)/60(앞판)
   * / 모양은 마커 위치입니다.

소매 분리

1. 안뜨기로 1단을 뜨고 다음과 같이 소매를 분리합니다. 중간에 있는 마커는 모두 빼주세요.
   앞판 모두 겉뜨기, [래글런 1코+소매+래글런 1코]를 자투리 실이나 여분의 케이블에 빼서 쉬게 두기, 감아코 8 (8) 8 (10) 10 (12)코 만들기, 뒤판 모두 겉뜨기, [래글런 1코+소매+래글런 1코]를 자투리 실이나 여분의 케이블에 빼서 쉬게 두기, 감아코 8 (8) 8 (10) 10 (12)코 만들기, 앞판 모두 겉뜨기
2. 이제 바늘에는 212 (220) 232 (244) 256 (268)코가 걸려 있습니다. 감아코를 만들어준 부분부터 20 (22) 25 (27) 29 (32)cm가 될 때까지 메리야스뜨기 합니다.
3. 안뜨기까지 뜨고 겉면에서 고무단을 시작합니다. 3mm 바늘로 바꿔 작업합니다.
   고무단 1단(겉면): 겉뜨기 2, 마지막 4코 남을 때까지 [안뜨기 1, 겉뜨기 1] 반복, 2코 한 번에 안뜨기, 겉뜨기 2
   고무단 2단(안면): 안뜨기 2, 마지막 3코 남을 때까지 [겉뜨기 1, 안뜨기 1] 반복, 겉뜨기 1, 안뜨기 2
4. 이제 겉면에서 바라봤을 때 양쪽 2코가 겉뜨기 2코로 시작하고 끝나는 1코 고무뜨기 규칙으로 세팅되었습니다. 코 모양에 맞추어(∨자엔 겉뜨기, —자엔 안뜨기) 6cm가 될 때까지 뜹니다.
5. 1코 고무단 돗바늘 마무리 또는 일반 코막음으로 마무리합니다.

소매 뜨기

1. 쉬게 둔 소매 부분의 코들을 다시 바늘에 끼우고, 감아코 부분에서 8 (8) 8 (10) 10 (12)코를 주워줍니다.
2. 감아코 중간 부분에 마커를 걸어 원통의 시작 부분을 표시합니다.
3. 10단마다 한 번씩 마커 양쪽에서 코를 다음과 같이 줄여줍니다.
   [겉뜨기 9단, 겉뜨기 1, 2코 한 번에 겉뜨기, 마지막 3코 남을 때까지 겉뜨기, 2코 한 번에 겉뜨기, 겉뜨기 1] 총 3회 반복
   * 소매 기장을 길게 뜨고 싶은 분들은 겉뜨기 9단 대신 몇 단 더 떠주면 됩니다.
4. 3mm 바늘로 바꾸고 1코 고무뜨기로 3cm를 뜹니다.
5. 1코 고무단 돗바늘 마무리 또는 일반 코막음으로 마무리합니다.

버튼 밴드 뜨기

버튼 밴드 뜨기

1. 버튼 밴드를 뜨기 전, 단추를 달 곳의 맞은편에 클립형 마커로 미리 단춧구멍을 만들 부분을 표시합니다. 단추 개수는 5~6개가 적당합니다.
2. 버튼 밴드 뜨기는 겉면을 바라본 상태에서 3mm 바늘을 이용해 고무단 끝부분에서부터 시작합니다. 가장자리 부분에서 5단에 4코씩 줍습니다(4코 줍고 1단 거르고 4코 줍고 1단 거르고 줍는 식).
3. 뒷목 부분은 코에서 코를 줍기 때문에 매 코 주워주고, 다시 브이넥 부분으로 내려오면 5단에 4코씩 주워줍니다.
4. 코를 전부 줍고 나면 1코 고무뜨기를 합니다. 안면을 바라보고 뜨게 되기 때문에 안뜨기 1로 시작하여 안뜨기 1로 끝나는 1코 고무뜨기 규칙을 따릅니다. 마지막에 안뜨기 2로 끝나도 괜찮습니다. 코 모양에 맞춰서 총 3단을 뜹니다.
5. 그다음 단에서는 마커로 표시해둔 부분에서 안뜨기를 뜰 차례에 [바늘비우기, 2코 한 번에 겉뜨기]로 떠서 지나갑니다. 코 모양에 맞춰 3단을 터 뜹니다(바늘비우기 부분은 겉뜨기로 떠서 지나갑니다).
6. 1코 고무단 돗바늘 마무리 또는 일반 코막음으로 마무리합니다.

마무리

코튼 3의 실 한 가닥을 풀어서 단춧구멍을 꿰맬 때 사용합니다. 바느질용 바늘로 단춧구멍 맞은편에 단추를 달아주고 돗바늘로 꼬리실을 정리하여 마무리합니다.

12

코튼 미니콘 꽈배기 바텀업 스웨터 (반팔/긴팔)

사이즈 XS (M) L
가슴둘레 80 (90) 100cm
옷 길이 50 (52) 52cm
게이지 3.5mm 꽈배기 편물 10cm×10cm 26코 32단
사용 바늘 줄바늘 3mm, 3.5mm / 둘레바늘 3mm(*목둘레에서만 사용) / 꽈배기바늘
실 소요량 · 반팔: 코튼 미니콘 2 (2) 3콘
 · 긴팔: 자라 9 (12) 14볼

×

열심히 몸판을 뜨는데 중간에 꽈배기 무늬 딱 하나를 못 넣은 걸
10단 넘게 뜨고 나서야 발견했다. 이걸 풀어야 하나 어쩌나 하고 한참을 고민했다.
그 부분만 코를 빼서 풀고 수정해볼까 하고 시도해봤는데…… 웬걸? 이렇게 간단하다니!
순간 내가 천재인가 싶었다(웃음). 속에서 엄청난 자신감과 뿌듯함이 솟구쳐 올랐다.
생각보다 별것 아니니, 혹시 꽈배기 무늬를 빠트렸다면 한번 직접 수정해보자.
앞으로 어떤 역경이 주어져도 해결할 수 있다는 자신감을
이 작은 뜨개질 조각 하나로 얻을 수 있다.

요약 설명

게이지와 견본품 치수는 세탁 후 기준입니다. 꽈배기 무늬가 들어간 옷은 세탁 전후 사이즈 차이가 크기 때문에 꼭 물세탁해야 합니다. 게이지 콧수와 단수가 다르다고 해서 도안상 콧수나 단수를 변경할 수 없습니다. 게이지와 차이가 난다면 바늘 사이즈를 조정하여 도안상 게이지와 맞춰주면 됩니다. 게이지를 맞추지 못할 경우 옷이 본래 사이즈보다 약간 크거나 작게 나올 수 있으니 참고 바랍니다. 사이즈 변형은 불가능하며, 길이 조절을 원하시면 꽈배기 한 줄을 추가하면 됩니다.

사이즈 가이드

해당 작품은 XS (M) L 사이즈로 제작되었습니다. 모델 착용 사이즈는 L입니다. 꽈배기 조직으로 이뤄졌기 때문에 입었을 때 신축성이 매우 큽니다. 큰 사이즈를 선택해도 작게 느껴질 수 있으나 많이 늘어나기 때문에 원하는 핏대로 선택하는 편이 좋습니다. 정사이즈로 선택하면 몸에 딱 붙는 느낌이며, 큰 사이즈로 선택하면 약간 넉넉한 느낌입니다.

앞/뒤판 뜨기

XS 사이즈

1. 3mm 바늘에 일반 코잡기로 102코를 잡고 [안뜨기 2, 겉뜨기 2]로 시작하여 안뜨기 2로 끝나는 2코 고무뜨기로 21단을 뜹니다. (두 번째 단은 [겉뜨기 2, 안뜨기 2]로 시작해 겉뜨기 2로 끝납니다.) 코를 잡고 뜨는 첫 단이 안면이 되며 21단을 다 뜨고 나면 안면으로 끝나고 다음 단은 겉면이 됩니다.
2. 3.5mm 바늘로 바꾸어 기호 도안을 보며 떠줍니다. 무늬 첫 단의 양 끝에서 도안과 같이 코를 늘려 총 104코를 만들어준 뒤 도안에 맞추어 뜹니다.
3. 어깨 부분은 코막음하지 않고 쉬게 둡니다.

게이지 내는 법 및 도안 보는 법

진동 코막음 및 줄임

M 사이즈

1. 3mm 바늘에 일반 코잡기로 122코를 잡고 [안뜨기 2, 겉뜨기 2]로 시작하여 안뜨기 2로 끝나는 2코 고무뜨기로 21단을 뜹니다. (두 번째 단은 [겉뜨기 2 안뜨기 2]로 시작해 겉뜨기 2로 끝납니다.) 코를 잡고 뜨는 첫 단이 안면이 되며 21단을 다 뜨고 나면 안면으로 끝나고 다음 단은 겉면이 됩니다.
2. 3.5mm 바늘로 바꾸어 기호 도안을 보며 떠줍니다. 무늬 첫 단 시작 부분에서 도안과 같이 1코를 늘려 총 123코를 만들어준 후 도안에 맞추어 뜹니다.
3. 어깨 부분은 코막음하지 않고 쉬게 둡니다.

어깨처짐 되돌아뜨기(턴)

L 사이즈

1. 3mm 바늘에 일반 코잡기로 138코를 잡고 [안뜨기 2 겉뜨기 2]로 시작하여 안뜨기 2로 끝나는 2코 고무뜨기로 21단을 뜹니다. (두 번째 단은 [겉뜨기 2, 안뜨기 2]로 시작해 겉뜨기 2로 끝납니다.) 코를 잡고 뜨는 첫 단이 안면이 되며 21단을 다 뜨고 나면 안면으로 끝나고 다음 단은 겉면이 됩니다.
2. 3.5mm 바늘로 바꾸어 기호 도안을 보며 떠줍니다.
3. 어깨 부분은 코막음하지 않고 쉬게 둡니다.

소매 뜨기(반팔)

XS 사이즈

1. 3mm 바늘에 일반 코잡기로 70코를 잡고 [안뜨기 2, 겉뜨기 2]로 시작하여 안뜨기 2로 끝나는 2코 고무뜨기로 7단을 뜹니다. (두 번째 단은 [겉뜨기 2, 안뜨기 2]로 시작해 겉뜨기 2로 끝납니다.) 코를 잡고 뜨는 첫 단이 안면이 되며 7단을 다 뜨고 나면 안면으로 끝나고 다음 단은 겉면이 됩니다.
2. 3.5mm 바늘로 바꾸어 기호 도안을 보며 떠줍니다.

M 사이즈

1. 3mm 바늘에 일반 코잡기로 82코를 잡고 [안뜨기 2, 겉뜨기 2]로 시작하여 안뜨기 2로 끝나는 2코 고무뜨기로 7단을 뜹니다. (두 번째 단은 [겉뜨기 2, 안뜨기 2]로 시작해 겉뜨기 2로 끝납니다.) 코를 잡고 뜨는 첫 단이 안면이 되며 7단을 다 뜨고 나면 안면으로 끝나고 다음 단은 겉면이 됩니다.
2. 3.5mm 바늘로 바꾸어 기호 도안을 보며 떠줍니다. 무늬 첫 단 시작 부분에서 도안과 같이 1코를 늘려 총 83코를 만들어준 뒤에 도안에 맞추어 뜹니다.

L 사이즈

1. 3mm 바늘에 일반 코잡기로 82코를 잡고 [안뜨기 2, 겉뜨기 2]로 시작하여 안뜨기 2로 끝나는 2코 고무뜨기로 7단을 뜹니다. (두 번째 단은 [겉뜨기 2, 안뜨기 2]로 시작해 겉뜨기 2로 끝납니다.) 코를 잡고 뜨는 첫 단이 안면이 되며 7단을 다 뜨고 나면 안면으로 끝나고 다음 단은 겉면이 됩니다.

2. 3.5mm 바늘로 바꾸어 기호 도안을 보며 떠줍니다. 무늬 첫 단 시작 부분에서 도안과 같이 3코를 늘려 총 85코를 만들어준 뒤에 도안에 맞추어 뜹니다.

소매 뜨기(긴팔)

XS 사이즈

1. 3mm 바늘에 일반 코잡기로 54코를 잡고 [안뜨기 2, 겉뜨기 2]로 시작하여 안뜨기 2로 끝나는 2코 고무뜨기로 23단을 뜹니다. (두 번째 단은 [겉뜨기 2, 안뜨기 2]로 시작해 겉뜨기 2로 끝납니다.) 코를 잡고 뜨는 첫 단이 안면이 되며 23단을 다 뜨고 나면 안면으로 끝나고 다음 단은 겉면이 됩니다.
2. 3.5mm로 바꾸어 기호 도안을 보며 떠줍니다.

M 사이즈

1. 3mm 바늘에 일반 코잡기로 70코를 잡고 [안뜨기 2, 겉뜨기 2]로 시작하여 안뜨기 2로 끝나는 2코 고무뜨기로 23단을 뜹니다. (두 번째 단은 [겉뜨기 2, 안뜨기 2]로 시작해 겉뜨기 2로 끝납니다.) 코를 잡고 뜨는 첫 단이 안면이 되며 23단을 다 뜨고 나면 안면으로 끝나고 다음 단은 겉면이 됩니다.
2. 바늘을 3.5mm로 바꾸어 기호 도안을 보며 떠줍니다. 무늬 첫 단 시작 부분에서 도안과 같이 1코를 늘려 총 71코를 만들어준 뒤에 도안에 맞추어 뜹니다.

L 사이즈

1. 3mm 바늘에 일반 코잡기로 78코를 잡고 [안뜨기 2, 겉뜨기 2]로 시작하여 안뜨기 2로 끝나는 2코 고무뜨기로 23단을 뜹니다. (두 번째 단은 [겉뜨기 2, 안뜨기 2]로 시작해 겉뜨기 2로 끝납니다.) 코를 잡고 뜨는 첫 단이 안면이 되며 23단을 다 뜨고 나면 안면으로 끝나고 다음 단은 겉면이 됩니다.
2. 바늘을 3.5mm로 바꾸어 기호 도안을 보며 떠줍니다. 무늬 첫 단 시작 부분에서 도안과 같이 1코를 늘려 총 79코를 만들어준 뒤에 도안에 맞추어 뜹니다.

연결하기

1. 어깨 부분 코막음을 하지 않은 앞판과 뒤판을 겉면끼리 마주보게 두고 한 번에 겉뜨기로 떠서 코막음합니다. 코 모양은 무시해도 되고 모두 겉뜨기로 떠서 코막음합니다.
2. 어깨끼리 연결한 뒤 연결된 몸통과 소매를 모두 세탁하고 바닥에 잘 펼쳐서 말린 다음 돗바늘로 연결해줍니다. 세탁할 때 편물이 아래쪽으로 많이 처질 수 있으니 옮길 때 주의해주세요.
3. 소매와 진동 부분을 클립형 마커 등을 이용해 미리 맞춰놓고 돗바늘로 연결해줍니다. 특별한 규칙은 없으며 편물이 울지 않도록 잘 맞춰가며 연결합니다.
4. 소매와 옆선도 단을 따라 돗바늘로 연결해줍니다.

소매와 몸판
연결하기

목둘레 뜨기

XS 사이즈

1. 3mm 바늘로 목둘레에서 코를 주워서 2코 고무뜨기로 7단을 뜨고 덮어씌워 코막음합니다. 코를 주울 때에는 매 코 매 단에서 코를 주워줍니다. 96코 혹은 100코 중 가까운 숫자에 맞춰줍니다.
2. 코를 다 줍고 나서 세어봤을 때 콧수가 맞지 않는다면, 고무단에서 코를 줄여서 맞춰도 되고 중간에 풀어서 코를 더 줍거나 건너뛰는 방식으로 조정하면 됩니다.

M, L 사이즈

1. 3mm 바늘로 목둘레에서 코를 주워서 2코 고무뜨기로 7단을 뜨고 덮어씌워 코막음합니다. 코를 주울 때에는 매 코 매 단에서 코를 주워줍니다. 108코 혹은 112코 중 가까운 숫자에 맞춰줍니다.
2. 코를 다 줍고 나서 세어봤을 때 콧수가 맞지 않는다면, 고무단에서 코를 줄여서 맞춰도 되고 중간에 풀어서 코를 더 줍거나 건너뛰는 방식으로 조정하면 됩니다.

목둘레
코줍는 법

기호 도안

* M, L 사이즈 기호 도안은 215쪽의 「부록 2」를 참고해주세요.

❤❤ XS 사이즈 앞판

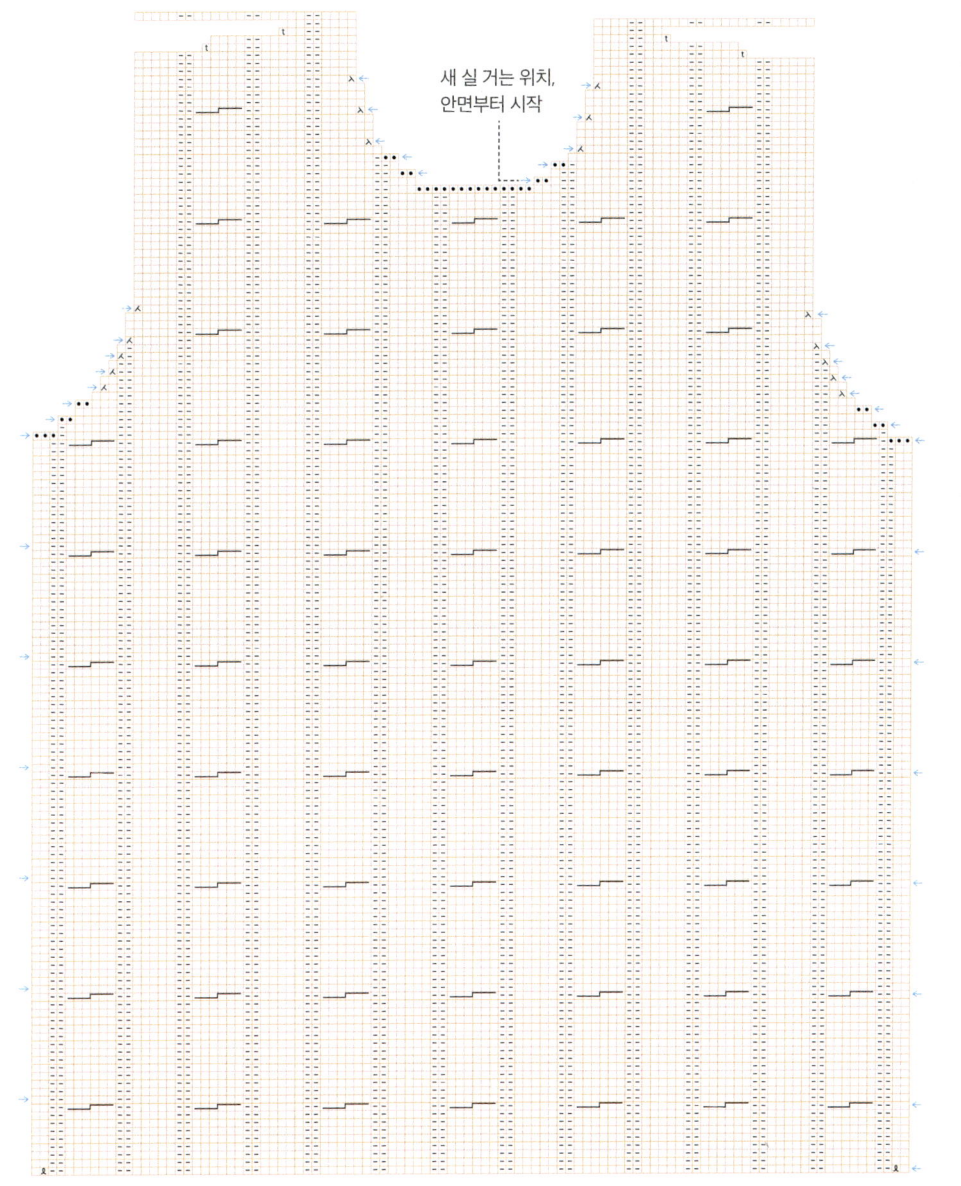

* 줄임, 코막음, 양쪽 어깨는 원래 1단 차이가 납니다.
** 무늬 시작 콧수: 104코(고무단 시작 콧수: 102코)

도안 읽는 방향 겉면 ← / 안면 →

XS 사이즈 뒤판

* 줄임, 코막음, 양쪽 어깨는 원래 1단 차이가 납니다.
** 무늬 시작 콧수: 104코(고무단 시작 콧수: 102코)

XS 사이즈 소매(반팔)

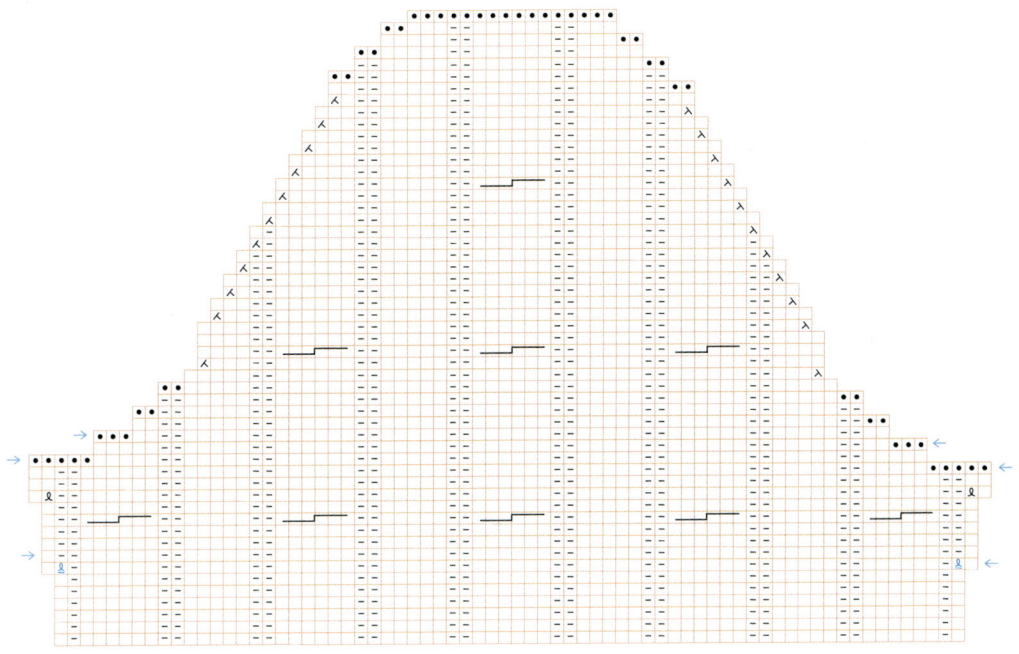

* 줄임, 코막음, 양쪽 어깨는 원래 1단 차이가 납니다.
** 무늬 시작 콧수: 70코(고무단 시작 콧수: 70코)

XS 사이즈 소매(긴팔)

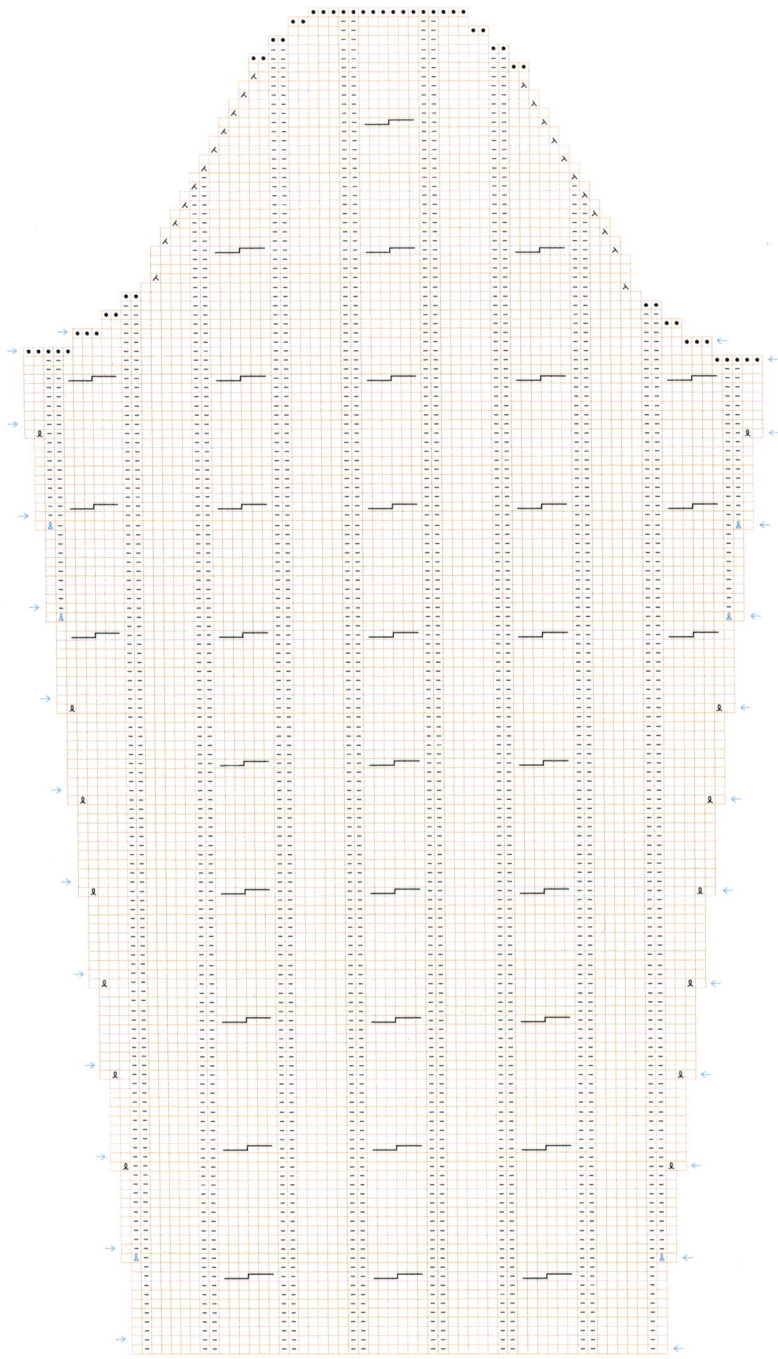

* 줄임, 코막음, 양쪽 어깨는 원래 1단 차이가 납니다.
** 무늬 시작 콧수: 54코(고무단 시작 콧수: 54코)

PART

4

매일 걸치고 싶은 니트 소품

01

02

03

04

05

13   버터 6 꽈배기 니트 버킷햇 … 난이도 🧶🧶🧶

14   새틴 메리노 울 클래식 아란 목도리 … 난이도 🧶🧶🧶

15   필 소프트 손가락 장갑 … 난이도 🧶🧶🧶

16   솔로 캐시미어 손모아 장갑 … 난이도 🧶

17   필 소프트 브로큰립 양말 … 난이도 🧶🧶

13

**버터 6 꽈배기
니트 버킷햇**

사이즈 ONE SIZE
모자 깊이 18cm
챙 둘레 57cm
게이지 6mm 메리야스 편물 10cm×10cm 13코 20단
사용 바늘 조립식 대바늘 6mm / 케이블 40cm
실 소요량 버터 6 2볼

×

코바늘로 버킷햇을 떠본 적은 많은데, 대바늘로도 떠보고 싶어 탄생한 작품이다.
대바늘로 뜨면 모자에 힘이 없어져서 이렇게도 해보고 저렇게도 해봤지만
자꾸 머리 모양이 훤히 드러나는 둥근 형태로만 나와버렸다.
그래서 아예 시작부터 여느 모자들과 완전히 다르게 만들었는데,
머리 부분에서 확실하게 각을 잡아주는 데에 심혈을 기울였다.
이 모자를 쓰면 누구나 힙스터가 될 수 있다!

요약 설명

버터 6 꽈배기 니트 버킷햇은 대바늘로 뜨는 버킷 스타일의 모자입니다. 모자의 정수리 부분부터 평면 뜨기로 시작한 다음, 머리둘레 부분에서 코를 줍고 원통뜨기로 모자 옆면을 떠가면서 꽈배기 무늬를 만들어줍니다. 챙 부분은 브리오쉬 기법으로 뜨고 마무리합니다.

사이즈 가이드

해당 작품은 원 사이즈(one size)로 제작되었습니다. 사이즈 조절이 필요한 경우 얇은 실과 얇은 바늘로 뜨면 작은 사이즈가 됩니다. 약간 크게 만드시려면 더 굵은 바늘로 느슨하게 뜨면 됩니다. 단, 느슨하게 뜰 경우 챙이 처질 수 있습니다.

브리오쉬 뜨기에 관하여

브리오쉬 뜨기는 앞뒤로 똑같은 무늬를 내는 뜨개질 기법입니다. 일반 메리야스뜨기나 고무뜨기와 달리 이중구조로 이뤄지기 때문에, 겉면에서 ∨자 1개가 만들어지려면 2단을 떠줘야 합니다. 즉, ∨자 모양 1개는 1단이 아니라 2단이 됩니다.

해당 도안에서의 단은 말 그대로 직접 뜨는 단을 가리키기 때문에, 편물을 보면서 단을 세는 경우에는 ∨자 1개를 2단으로 치고, 직접 뜨면서 단을 세는 경우에는 편물을 뒤집을 때마다 1단이라고 생각하면 됩니다.

용어 및 기법 설명

- **Slyo(slip one yarn over)**: 실을 앞으로 가져와 안뜨기 방향으로 코 넘기기.
- **Brk(brioche knit)**: 브리오쉬 겉뜨기. 겹쳐진 2코를 한 번에 겉뜨기하기.
- **Brp(brioche purl)**: 브리오쉬 안뜨기. 겹쳐진 2코를 한 번에 안뜨기하기.
- **브리오쉬 패턴대로 뜨기**: 1코로 보이는 코는 Slyo로 뜨고, 두 가닥이 겹쳐진 코는 한 번에 Brk 또는 Brp로 뜨기(평면 뜨기에서는 항상 [Slyo, Brk 1] 규칙을 따름).
- **브리오쉬 코늘림**: Brk코를 뜬 상태에서, 왼쪽 바늘에서 코를 빼지 않고 오른쪽 바늘에 실을 한 번 걸친 뒤 다시 왼쪽 바늘에 걸린 코에 찔러 넣어 실을 끌고 나온 다음 왼쪽 바늘에서 코를 빼준다. ▶ 2코 증가

머리 부분 뜨기

제작 방법

1. 6mm 바늘에 일반 코잡기로 10코를 잡아줍니다.
2. 다음과 같이 뜹니다.
   1단(안면): 안뜨기
   2단(겉면): 겉뜨기 2, M1L, 마지막 2코 남을 때까지 겉뜨기, M1R, 겉뜨기 2 ▶ 2코 증가
3. 2의 1~2단을 총 7회 반복합니다. 다음 단은 안면입니다.
4. 이제 바늘에는 24코가 걸려 있습니다. 코늘림 없이 메리야스뜨기로 7단을 떠줍니다(안뜨기 1단, 겉뜨기 1단 순서로 반복).
5. 다음 1~2단을 총 6회 반복합니다.
   1단: 겉뜨기 1, ssk, 마지막 3코 남을 때까지 겉뜨기, k2tog, 겉뜨기 1
   2단: 안뜨기
6. 5의 1단을 한 번 더 떠줍니다. 이제 바늘에는 10코가 남아 있습니다.
7. 안뜨기할 차례에 모든 코를 코막음한 뒤, 오른쪽 바늘에 1코가 남으면 실을 자르지 않고 편물의 겉면을 바라보며 코를 주워줍니다.
8. 매 단 매 코 주워서 총 86코를 주워줍니다.
9. 시작 마커를 걸고 원통뜨기를 합니다. 다음 기호 도안을 참고해주세요. 기호 도안은 아래에서부터 위로, 왼쪽에서 오른쪽 방향으로 읽습니다.

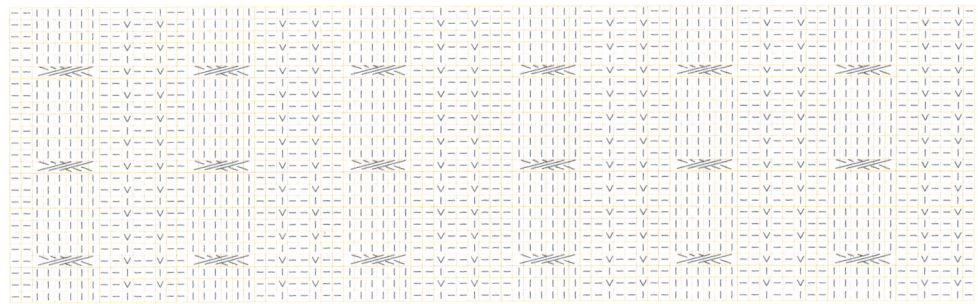

챙 부분 뜨기

1. 다음과 같이 브리오쉬 뜨기를 합니다.

    1단: [겉뜨기 1, Slyo] 반복

    2단(Brp단): [Slyo, Brp 1] 반복

    3단(Brk, 늘림단): 브리오쉬 패턴대로 20코 뜨기, 브리오쉬 코늘림, 브리오쉬 패턴대로 21코 뜨기, 브리오쉬 코늘림, 브리오쉬 패턴대로 21코 뜨기, 브리오쉬 코늘림, 브리오쉬 패턴대로 19코 뜨기, 브리오쉬 코늘림, Slyo ▶ 총 8코 증가

    4단(Brp단): [Slyo, Brp 1] 반복

    5단(Brk단): [Brk 1, Slyo] 반복

    6단(Brp단): [Slyo, Brp 1] 반복

    7단(Brk, 늘림단): 브리오쉬 패턴대로 20코 뜨기, 브리오쉬 코늘림, 브리오쉬 패턴대로 23코 뜨기, 브리오쉬 코늘림, 브리오쉬 패턴대로 23코 뜨기, 브리오쉬 코늘림, 브리오쉬 패턴대로 21코 뜨기, 브리오쉬 코늘림, Slyo, Brk 1, Slyo ▶ 총 8코 증가

    8단(Brp단): [Slyo, Brp 1] 반복

    9단(Brk단): [Brk 1, Slyo] 반복

    10단(Brp단): [Slyo, Brp 1] 반복

    11단(Brk단): [Brk 1, Slyo] 반복

    12단(Brp단): [Slyo, Brp 1] 반복

    13단(Brk단): [Brk 1, Slyo] 반복

    14단: 일반 [겉뜨기 1, 안뜨기 1] 반복

2. 1코 고무단 돗바늘 마무리로 코막음하여 마무리합니다.

14

새틴 메리노 울 클래식 아란 목도리

사이즈 ONE SIZE
너비 21cm
게이지 3.5mm 꽈배기 무늬별로 게이지 상이
사용 바늘 줄바늘 3.5mm
실 소요량 새틴 메리노 울 6볼

×

세븐이지 탑다운 케이블 니트를 보고는 엄마가 권해준 바늘이야기 옛 작품이다.
나의 평소 스타일과는 확연히 다르지만 이런 재밌는 케이블 무늬도
가끔은 도전해보고 싶은 마음이 든다.
처음 시작하는 고무뜨기부터 심상치가 않다.
모든 겉뜨기 부분은 일단 꼬아주고 보는 게 이번 작품의 특징이다.

요약 설명

새틴 메리노 울 클래식 아란 목도리는 꼬아뜨기 고무단부터 시작합니다. 그다음 규칙에 따라 꽈배기 위치가 변하면서 독특한 꼬임 무늬가 만들어집니다. 제작 방법 영상을 통해 어려운 꽈배기 무늬도 한 단 한 단 뜨어보며 목도리를 완성해보세요.

사이즈 가이드

해당 작품은 원 사이즈(one size)로 제작되었습니다. 길이는 조절이 가능하나 폭 조절을 원할 경우에는 기호 도안을 참고하시어 한 무늬를 추가하거나 없애야 합니다. 얇은 실로 제작되었기 때문에, 굵은 실로 뜨게 되면 지나치게 넓어질 수 있으니 주의해주시기 바랍니다.

코잡기 및 무늬뜨기

* A 무늬뜨기와 B 무늬뜨기는 186쪽 기호 도안을 참고해주세요.
** 첫 코는 전부 걸러 뜹니다.
*** p2tog: 2코 한 번에 안뜨기

1. 3.5mm 바늘을 이용하여 일반 코잡기로 94코를 잡습니다.
2. 2코 고무뜨기로 2단을 떠줍니다.
3. A 무늬뜨기를 36단을 뜬다.
4. B 무늬뜨기 시작단에서 도안처럼 떠줍니다. 2~3번째 코를 p2tog 하여 코를 줄이고, 34번째 코와 62번째 코 다음에 M1L로 1코씩 늘려주고, 91~92번째 코를 p2tog 하여 코를 줄여줍니다.
5. B 무늬뜨기를 14회 반복한 뒤 반무늬(18단)를 더 떠줍니다.
6. 도안과 같이 코늘림과 코줄임을 하면서 A 무늬뜨기를 36단 뜨고, 2코 고무뜨기 2단을 떠줍니다.
7. 겉뜨기는 겉뜨기대로, 안뜨기는 안뜨기대로 코막음하여 마무리합니다.

제작 방법

기호 도안

15

필 소프트 손가락 장갑

사이즈 S (M)
게이지 3.5mm 메리야스 편물 5cm×5cm 14코 22단
사용 바늘 조립식 대바늘 3.5cm / 케이블 80cm
실 소요량 필 소프트 플러스 2 (2)볼

×

어느 날 밤, 장갑이 너무 뜨고 싶어서
하루 만에 도안과 장갑 한쪽을 완성하고 잠에 들었다.
다음 날 아침, 엄마는 내 작업실로 바늘을 가지러 왔다가 책상에 놓인 장갑을 보고는
'얘가 이제 장갑도 뜨고 뜨개질 잘하네' 하고 생각하셨다고 한다.
엄마, 사실 이거 별거 아니야. 열 손가락 매직 루프만 하면 그만이거든.
어디 가서 뜨개질 좀 한다고 인정받고 싶다면 이 작품에 도전해보길 추천한다.

> **요약 설명**

필 소프트 실은 신축성이 강해 장력을 어떻게 조절하는가에 따라 사이즈가 다르게 나올 수 있습니다. 3.5mm 바늘로 느슨하게 뜨거나 3.75mm 바늘을 사용하는 걸 추천합니다. M 사이즈보다 더 큰 사이즈를 원한다면, 4mm 바늘로 느슨하게 떠도 좋습니다.

> **사이즈 가이드**

해당 작품은 S (M) 사이즈로 제작되었습니다. 신축성이 있어 S 사이즈는 웬만한 성인 여성, M 사이즈는 성인 남성에게 맞는 사이즈입니다. 손가락 길이와 손바닥 길이는 뜨면서 조절이 가능하며, 손바닥 폭이나 손가락 폭은 조절이 되지 않기 때문에 손가락 길이는 짧지만 손바닥이나 손가락 두께가 있는 분들은 M 사이즈, 손바닥 폭이나 손가락 두께는 얇고 손가락이 긴 분들은 S 사이즈를 추천드립니다.

코잡기

1. 3.5mm 바늘에 원형으로 40 (48)코를 잡아줍니다.
2. 시작 마커를 걸고 1코 고무단(겉뜨기 1, 안뜨기 1)을 4cm 뜹니다.
3. [겉뜨기 10 (12)코, M1L]를 4회 반복하며 코늘림합니다. 바늘에는 44 (52)코가 걸려 있게 됩니다.
4. 늘림 없이 겉뜨기로 5단을 뜹니다.
5. 엄지손가락과 손바닥/손등 구분을 위해, 다음과 같이 마커를 걸어줍니다.
    겉뜨기 20 (24)코(손바닥 및 손등), 마커 걸기, 겉뜨기 4 (4)코(엄지손가락), 마커 걸기, 겉뜨기 20 (24)코(손바닥 및 손등)

제작 방법

엄지손가락 코늘림과 분리

1. 다음 1~3단을 5 (6)회 반복하며 엄지손가락 부분을 늘려줍니다.
    1단: 엄지손가락 마커까지 겉뜨기, 마커 넘기기, M1L, 마커까지 겉뜨기, M1R, 마커 넘기기, 시작 마커까지 겉뜨기
    2단: 겉뜨기
    3단: 겉뜨기

2. 이제 엄지손가락 부분의 콧수는 14 (16)코입니다. 늘림 없이 3 (4)단 또는 착용 시 엄지손가락이 갈라지는 부분에 도달할 때까지 겉뜨기합니다.
3. 다음과 같이 엄지손가락을 분리해줍니다. 시작 마커를 제외한 모든 마커는 빼줍니다.
   엄지손가락 마커까지 겉뜨기, 14 (16)코 자투리 실에 빼두기, 감아코 2 (3), 시작 마커까지 겉뜨기
4. 이제 바늘에는 42 (51)코가 걸려 있습니다. 늘림 없이 8 (10)단 또는 새끼손가락이 갈라지는 부분까지 겉뜨기합니다.

새끼손가락 분리

1. 다음과 같이 새끼손가락을 분리합니다.
   시작 마커까지 5 (6)코 남기고 겉뜨기, 10 (12)코 자투리 실에 빼두기(*시작 마커 빼기), 감아코 2 (3), 시작 마커 걸기, 나머지 코 전부 겉뜨기
2. 이제 바늘에 34 (42)코가 걸려 있습니다. 겉뜨기로 3단, 또는 검지와 중지, 약지가 갈라지는 부분까지 맞춰 떠줍니다.

검지 뜨기

1. 다음과 같이 뜨면서 나머지 두 손가락을 분리하고 검지 부분을 떠줍니다.
   22 (27)코 겉뜨기, 22 (27)코 자투리 실에 빼놓기, 감아코 2 (3)코 만들기
2. 이제 바늘에는 14 (18)코가 걸려 있습니다. 검지 길이에 맞춰 겉뜨기합니다.
3. 모든 코들을 2코 한 번에 겉뜨기하여 코를 반으로 줄입니다.
4. 실을 자르고 돗바늘을 이용해 실로 코들을 꿰어 오므려줍니다. 손가락 안쪽으로 실을 통과시킨 다음, 매듭을 한 번 짓고 편물 사이사이에 숨겨 마무리합니다.

중지 뜨기

1. 자투리 실에 빼둔 코들 중 앞부분의 5 (6)코를 바늘에 끼우고, 검지 부분에서 감아코로 2 (3)코를 만든 부분에서 2 (3)코를 줍습니다.
2. 자투리 실에 빼둔 코들 중 뒷부분의 5 (6)코를 반대쪽 바늘에 끼우고 겉뜨기로 모두 떠줍니다. 감아코로 2 (3)코를 만들고 앞쪽에 있던 5 (6)코를 겉뜨기로 떠줍니다.
3. 이제 바늘에는 14 (18)코가 걸려 있습니다. 중지 길이에 맞춰 겉뜨기합니다.
4. 모든 코들을 2코 한 번에 겉뜨기하여 코를 반으로 줄입니다.
5. 실을 자르고 돗바늘을 이용해 실로 코들을 꿰어 오므려줍니다. 손가락 안쪽으로 실을 통과시킨 다음, 매듭을 한 번 짓고 편물 사이사이에 숨겨 마무리합니다.

약지 뜨기

1. 자투리 실에 남은 12 (15)코를 바늘에 끼우고 중지 부분에서 감아코로 2 (3)코를 만든 부분에서 2 (3)코를 줍습니다.
2. 이제 바늘에는 14 (18)코가 걸려 있습니다. 약지 길이에 맞춰 겉뜨기합니다.
3. 모든 코들을 2코 한 번에 겉뜨기하여 코를 반으로 줄입니다.
4. 실을 자르고 돗바늘을 이용해 실로 코들을 꿰어 오므려줍니다. 손가락 안쪽으로 실을 통과시킨 다음, 매듭을 한 번 짓고 편물 사이사이에 숨겨 마무리합니다.

새끼손가락 뜨기

1. 새끼손가락 몫으로 빼둔 10 (12)코를 바늘에 끼우고, 감아코로 2 (3)코 만든 부분에서 2 (3)코를 주워줍니다.
2. 이제 바늘에는 12 (15)코가 걸려 있습니다. 새끼손가락 길이에 맞춰 겉뜨기합니다.
3. 모든 코들을 2코 한 번에 겉뜨기하여 코를 반으로 줄입니다.
4. 실을 자르고 돗바늘을 이용해 실로 코들을 꿰어 오므려줍니다. 손가락 안쪽으로 실을 통과시킨 다음, 매듭을 한 번 짓고 편물 사이사이에 숨겨 마무리합니다.

엄지손가락 뜨기

1. 엄지손가락 몫으로 빼둔 14 (16)코를 바늘에 끼우고, 감아코로 2 (3)코를 만든 부분에서 3 (4)코를 주워줍니다.
2. 이제 바늘에는 17 (20)코가 걸려 있습니다. 엄지손가락 길이에 맞춰 겉뜨기합니다.
3. 모든 코들을 2코 한 번에 겉뜨기하여 코를 줄여줍니다. 마지막 1코가 남을 경우 겉뜨기로 처리합니다.
4. 실을 자르고 돗바늘을 이용해 실로 코들을 꿰어 오므려줍니다. 손가락 안쪽으로 실을 통과시킨 다음, 매듭을 한 번 짓고 편물 사이사이에 숨겨 마무리합니다

마무리

코를 주운 부분에서 구멍 난 곳이 있다면, 돗바늘에 코 줍고 남은 꼬리실을 꿰어 왔다 갔다 하며 해당 부분을 메워줍니다. 나머지 꼬리실들도 전부 정리해줍니다.

16

솔로 캐시미어 손모아 장갑

사이즈 S (M)
게이지 4mm 메리야스 편물 5cm×5cm 12코 17단
사용 바늘 조립식 대바늘 4mm / 케이블 80cm
실 소요량 솔로 캐시미어 2 (2)볼

×

필 소프트 손가락 장갑을 계기로 장갑에 꽂혀버린 나머지
손모아 장갑도 뜨기 시작했다. 손가락 장갑에 비해 허무할 정도로 금세 완성했다.
'뜨개질이 이렇게나 쉬운 거였지, 참.'
작업 시간과 공정이 짧아 실속이 좋고 선물용으로 생색내기에 참 좋은 아이템이다.
빠른 시간 내에 성취감을 얻고 싶다면 이 작품에 도전해보기를!

> **요약 설명**

솔로 캐시미어 손모아 장갑은 손목 고무단부터 원통뜨기로 시작하여, 코늘림을 하며 엄지손가락 부분을 떠줍니다. 이후 엄지손가락을 분리하고 나머지 네 손가락 부분을 완성한 다음, 마지막에 엄지손가락을 떠주게 됩니다. 손가락 장갑보다 먼저 떠보면 장갑의 구조를 파악하는 데에 도움이 됩니다.

> **사이즈 가이드**

해당 작품은 S (M) 사이즈로 제작되었습니다. S 사이즈는 웬만한 성인 여성, M 사이즈는 성인 남성에게 맞는 사이즈입니다. 손가락 길이와 손바닥 길이는 뜨면서 조절이 가능하며, 손바닥 폭은 조절이 되지 않기 때문에 손가락 길이는 짧지만 손바닥이나 손가락 두께가 있는 분들은 M 사이즈, 손바닥 폭이나 손가락 두께는 얇고 손가락이 긴 분들은 S 사이즈를 추천드립니다.

코잡기

제작 방법

1. 4mm 바늘에 원형으로 40 (44)코를 잡아줍니다.
2. 시작 마커를 걸고 1코 고무단(겉뜨기 1, 안뜨기 1)을 4cm 떠줍니다.
3. 고무단이 끝나면 바늘 사이즈를 바꾸지 않고 4mm 바늘로 계속 작업합니다. [겉뜨기 10 (11)코, M1L]를 4회 반복하며 코늘림합니다. 바늘에는 44 (48)코가 걸려 있게 됩니다.
4. 코늘림 없이 겉뜨기로 5단을 뜹니다.
5. 엄지손가락과 손바닥/손등 구분을 위해, 다음과 같이 마커를 걸어줍니다.
   겉뜨기 20 (22)코(손바닥 및 손등), 마커 걸기, 겉뜨기 4 (4)코(엄지손가락), 마커 걸기, 겉뜨기 20 (22)코(손바닥 및 손등)

엄지손가락 코늘림과 분리

1. 다음 1~3단을 5 (6)회 반복하며 엄지손가락 부분을 늘려줍니다.
   1단: 엄지손가락 마커까지 겉뜨기, 마커 넘기기, M1L, 마커까지 겉뜨기, M1R, 마커 넘기기, 시작 마커까지 겉뜨기
   2단: 겉뜨기
   3단: 겉뜨기

2. 이제 엄지손가락 부분의 콧수는 14 (16)코가 되었습니다. 늘림 없이 3 (0)단 또는 착용 시 엄지손가락이 갈라지는 부분에 도달할 때까지 겉뜨기합니다.
3. 다음과 같이 엄지손가락을 분리해줍니다. 시작 마커를 제외한 모든 마커는 빼줍니다.
   엄지손가락 마커까지 겉뜨기, 14 (16)코 자투리 실에 빼두기, 감아코 2 (2)코, 시작 마커까지 겉뜨기
4. 이제 바늘에는 42 (46)코가 걸려 있습니다. 더 이상 코늘림하지 않고 새끼손가락을 덮을 때까지 겉뜨기합니다.

코줄임

1. 다음과 같이 뜨면서 중간 마커를 하나 걸어줍니다.
   겉뜨기 21 (23), 중간 마커 걸기, 시작 마커까지 겉뜨기
2. 다음 1~2단을 총 3회 반복합니다. 그러면 바늘에는 총 30 (34) 코가 걸리게 됩니다.
   1단: 겉뜨기 1, ssk, 중간 마커까지 3코 남기고 겉뜨기, k2tog, 겉뜨기 1, 중간 마커 넘기기, 겉뜨기 1, ssk, 시작 마커까지 3코 남기고 겉뜨기, k2tog, 겉뜨기 1
   2단: 겉뜨기
3. 바늘에 9 (11)코가 남을 때까지 2의 1단만 3회 더 반복합니다. 콧수는 중간 마커를 기준으로 각각 9 (11)코씩, 총 18 (22)코가 됩니다.
4. 양쪽 바늘에 각각 9 (11)코를 마주보게 둔 상태에서 키치너 스티치로 마무리합니다.

엄지손가락 뜨기

1. 엄지손가락 몫으로 빼둔 14 (16)코를 바늘에 끼우고, 감아코로 2 (2)코를 만든 곳에서 3 (3)코를 주워줍니다.
2. 이제 바늘에는 17 (19)코가 걸려 있습니다. 엄지손가락 길이에 맞춰 겉뜨기합니다.
3. 모든 코들을 2코 한 번에 겉뜨기하다가, 마지막 1코는 겉뜨기하여 코줄임합니다.
4. 실을 자르고 돗바늘을 이용하여 실로 코들을 꿰어 오므려줍니다. 손가락 안쪽으로 실을 통과시킨 다음 매듭을 한 번 짓고 편물 사이사이에 숨겨 마무리합니다

마무리

코를 주운 부분에서 구멍 난 곳이 있다면, 돗바늘에 코 줍고 남은 꼬리실을 꿰어 왔다 갔다 하며 해당 부분을 메워줍니다. 나머지 꼬리실들도 전부 정리해줍니다.

17

필 소프트
브로큰립 양말

사이즈 S (M) L
발 길이 225~240 (240~255) 255~270mm
발 둘레 19 (20) 21cm
게이지 3mm 메리야스 편물 10cm×10cm 28코 36단
사용 바늘 줄바늘 3mm
실 소요량 필 소프트 플러스 3 (3) 3볼
동영상 참고 주디스 매직 코잡기, W&T, 짐머만식 코막음
(*201쪽 제작 방법 QR 코드)

×

2020년 뜨개질계의 주인공은 단연 양말 뜨기와 브로큰립(broken rib) 기법이었다.
탑다운 열풍이 불다가 유행의 불씨가 작은 대바늘 작품으로 옮겨가던 것이 양말 뜨기로 번졌고,
맨날 하던 고무뜨기보다는 브로큰립, 즉 '어긋난 고무뜨기'가 주목받았다.
이 작품은 당시의 유행을 한데 모은 것이라고 할 수 있다.
크고 무거운 작품보다는 완성이 빠르고, 메리야스뜨기나 고무뜨기보다
덜 지겨운 브로큰립 기법으로 지루한 뜨개 일상을 환기해보자.

> **요약 설명**

발가락 앞부분에서부터 뜨기 시작하는 토업(toe-up) 스타일로 작업합니다. 줄바늘을 이용하여 원형뜨기로 뜨되, 전체 코를 2로 나누어 뜨는 매직 루프 방식으로 진행됩니다.

> **사이즈 가이드**

해당 작품은 S—225~240mm, (M—240~255mm), L—255~270mm 3가지 사이즈로 구성됩니다. 발 길이는 작지만 발볼이 넓은 경우에는 M 또는 L 사이즈 콧수를 보고 뜨시고 발바닥 부분을 뜰 때 짧게 떠 주시면 됩니다. 발 길이가 255mm 이상이지만 칼발인 경우에는 M 사이즈를 보고 뜨셔도 됩니다. 처음 잡는 콧수는 양말의 폭을 결정하게 되며, 발 사이즈는 뜨면서 조절이 가능하므로 잘 선택해주시기 바랍니다. 도안 사이즈는 "평균" 사이즈입니다.

코잡기

1. 3mm 줄바늘을 이용하여 주디스 매직 코잡기 방식으로 첫 번째 바늘에 5 (7) 9코, 두 번째 바늘에 5 (7) 9코씩 잡아주세요. 그러면 바늘에는 총 10 (14) 18코가 만들어집니다.
2. 첫 번째 바늘의 코들이 발등 부분, 두 번째 바늘의 코들이 발바닥 부분이 됩니다. 겉뜨기로 1단을 뜹니다.

제작 방법

코 늘림단

1. 다음과 같이 떠줍니다.
    1~2단: 겉뜨기 1, kfb, 마지막 2코 전까지 겉뜨기, kfb, 겉뜨기 1
    * 첫 번째 바늘과 두 번째 바늘 동일
    3단: 모두 겉뜨기
    4단: 첫 번째 바늘: 겉뜨기 1, kfb, 마지막 2코 전까지 겉뜨기, kfb, 겉뜨기 1
       두 번째 바늘: 첫 번째 바늘과 동일. 앞의 1~2단을 뜬 뒤 3~4단만 8회 반복
2. 총 콧수는 50 (54) 58코가 됩니다(바늘 하나당 25 (27) 29코).

발바닥 뜨기

지금부터는 늘림단 없이 다음 1~2단을 반복합니다. 코 잡은 부분을 기준으로, 본인의 발 사이즈에서 65mm를 뺀 길이만큼 뜹니다.

* 예) 발 사이즈가 240mm라면, 65mm를 뺀 175mm, 즉 17.5cm가 될 때까지 뜬다.

1단: **첫 번째 바늘**: [겉뜨기 1, 안뜨기 1] 반복, 마지막 1코 겉뜨기
두 번째 바늘: 전부 겉뜨기
2단: 첫 번째 바늘, 두 번째 바늘에 걸린 코 전부 겉뜨기

뒤꿈치 뜨기

•W&T를 이용하여 만들어줍니다.

1단계

1. 다음과 같이 뜹니다.
   1단(겉면): 첫 번째 바늘의 25 (27) 29코 [(겉뜨기 1, 안뜨기 1) 반복, 마지막 1코 겉뜨기], 두 번째 바늘에서 마지막 1코가 남을 때까지 겉뜨기, 마지막 1코가 남았을 때 실을 편물 앞으로 넘기고 마지막 코를 안뜨기 방향으로 오른쪽 바늘로 옮긴 뒤 실을 다시 편물 뒤로 넘기기(Wrap), 오른쪽 바늘로 옮겼던 코를 다시 왼쪽 바늘로 옮긴 뒤 편물을 뒤집기(Turn)
   ▶ 겉면에서의 W&T
   이제부터는 두 번째 바늘에 걸린 코들로만 작업합니다.
   2단(안면): 마지막 1코가 남을 때까지 안뜨기, 마지막 1코가 남았을 때 실을 편물 뒤로 넘기고 마지막 코를 안뜨기 방향으로 오른쪽 바늘로 옮긴 뒤 실을 다시 편물 앞으로 넘기기(Wrap), 오른쪽 바늘로 옮겼던 코를 다시 왼쪽 바늘로 옮긴 뒤 편물을 뒤집기(Turn)
   ▶ 안면에서의 W&T
   3단(겉면): 이전 단에서 만든 W&T코(코의 아랫부분에 실이 감긴 코) 전 1코(W&T 전 마지막 1코라고 생각하면 됨)가 남을 때까지 겉뜨기, W&T
   4단(안면): 이전 단에서 만든 W&T코 전 1코가 남을 때까지 안뜨기, W&T
2. 1의 3~4단을 총 7 (8) 9회 반복합니다. 그러면 양옆으로 W&T코가 8 (9) 10코씩, 총 16 (18) 20코가 만들어집니다.

✼ 2단계

1. 계속해서 두 번째 바늘에 걸린 코들만 가지고 나머지 뒤꿈치 부분을 작업합니다.

    1단(겉면): 겉뜨기하다가 W&T코가 나오면 W&T코 아랫부분에 감긴 실을 주워 W&T코와 동시에 겉뜨기한 뒤 그다음 코(이 코는 아랫부분에 실이 감긴 채로 W&T를 하고, 그러면 밑에 감긴 실이 두 겹이 됨)를 W&T

    2단(안면): 안뜨기하다가 W&T코가 나오면 W&T코 아랫부분에 감긴 실을 주워 W&T코와 동시에 안뜨기한 뒤 그다음 코를 W&T

    3단(겉면): 겉뜨기하다가 W&T코가 나오면 W&T코 아랫부분에 감긴 두 겹의 실을 주워 W&T코와 동시에 겉뜨기한 뒤 그다음 코를 W&T

    4단(안면): 안뜨기하다가 W&T코가 나오면 W&T코 아랫부분에 감긴 두 겹의 실을 주워 W&T코와 동시에 안뜨기한 뒤 그다음 코를 W&T

2. 1의 3~4단을 총 7 (8) 9회 반복합니다. 그러면 두 번째 바늘 양옆에 정리 안 된 W&T코(코 밑에 두 겹의 실이 감긴 코)가 1코씩 남게 됩니다.

3. 두 번째 바늘의 코를 겉면에서 W&T 1코 전까지 겉뜨기하다가 W&T코가 나오면 W&T코 아랫부분에 감긴 두 겹의 실을 주워 W&T코와 동시에 겉뜨기한 뒤 그다음 단(첫 번째 바늘)으로 넘어갑니다.

4. 첫 번째 바늘의 코를 전부 겉뜨기한 다음, 두 번째 바늘의 첫 코인 W&T코가 나오면 W&T코 아랫부분에 감긴 두 겹의 실을 주워 W&T코와 동시에 겉뜨기한 뒤 끝까지 겉뜨기합니다.

발목 뜨기

뒤꿈치 부분의 W&T가 끝난 단에서부터 원하는 길이가 될 때까지 다음 1~2단을 반복합니다(두 번째 양말을 작업할 실 분량을 고려하여 길이를 조절해주세요).

1단: 첫 번째 바늘: [겉뜨기 1, 안뜨기 1] 반복, 마지막 1코 겉뜨기

　　　두 번째 바늘: [안뜨기 1, 겉뜨기 1] 반복, 마지막 1코 안뜨기

2단: 첫 번째 바늘, 두 번째 바늘에 걸린 코 전부 겉뜨기

고무단 뜨기

1. 고무단이 3cm가 될 때까지 1코 고무단 뜨기(겉뜨기 1, 안뜨기 1 반복)를 합니다.
2. 짐머만식 코막음으로 마무리합니다.

부록 1

세븐이지 탑다운 케이블 니트 기호 도안
(10세, M, 2XL 사이즈)

10세 사이즈 앞판

- □ 겉뜨기
- — 안뜨기
- ssk
- k2tog
- 꽈배기
- ∞ 감아코
- M1L
- M1L(안)
- M1R
- M1R(안)
- t 되돌아뜨기(턴)

도안 읽는 방향 겉면 ← / 안면 →

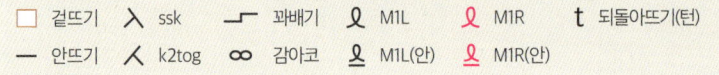

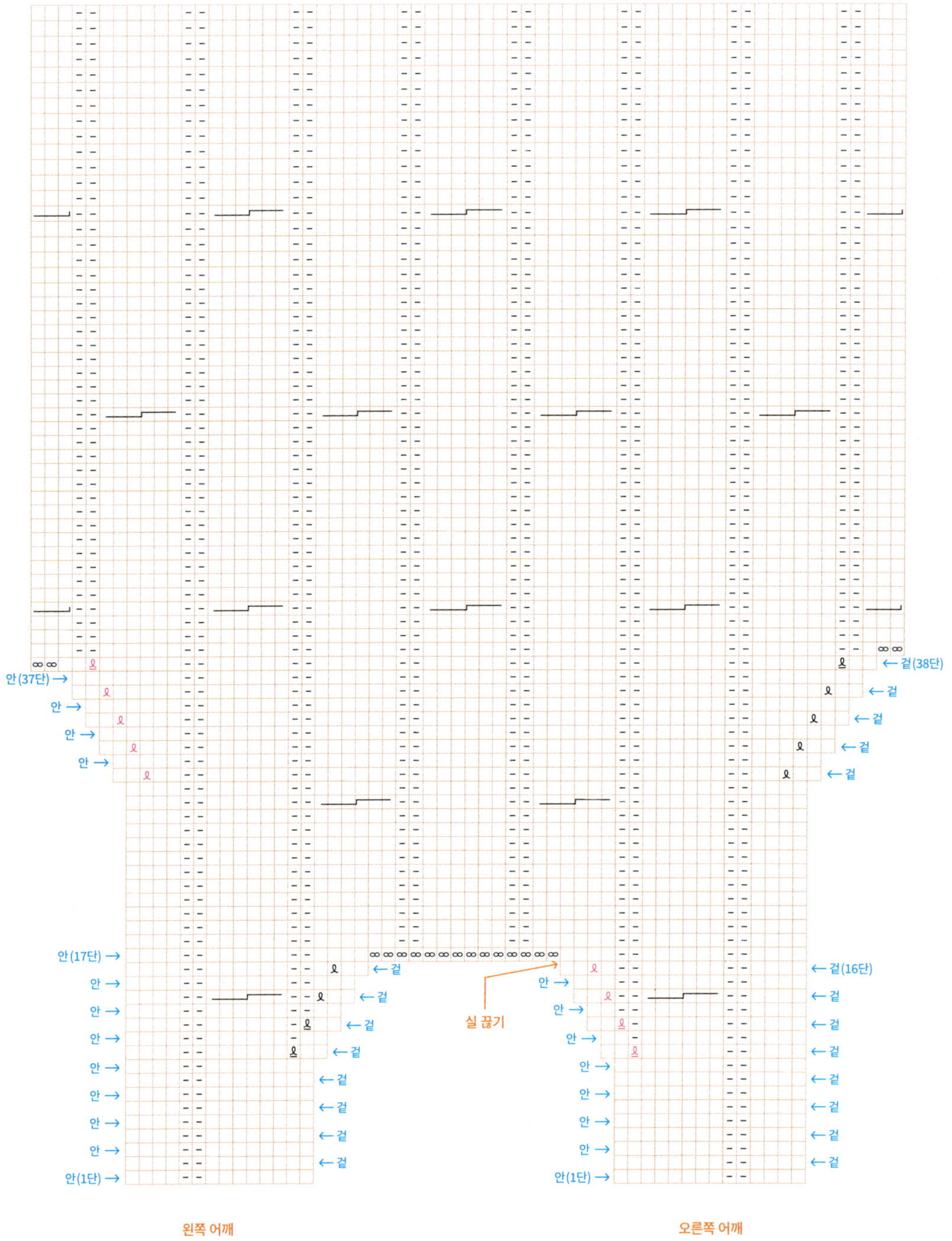

10세 사이즈 뒤판

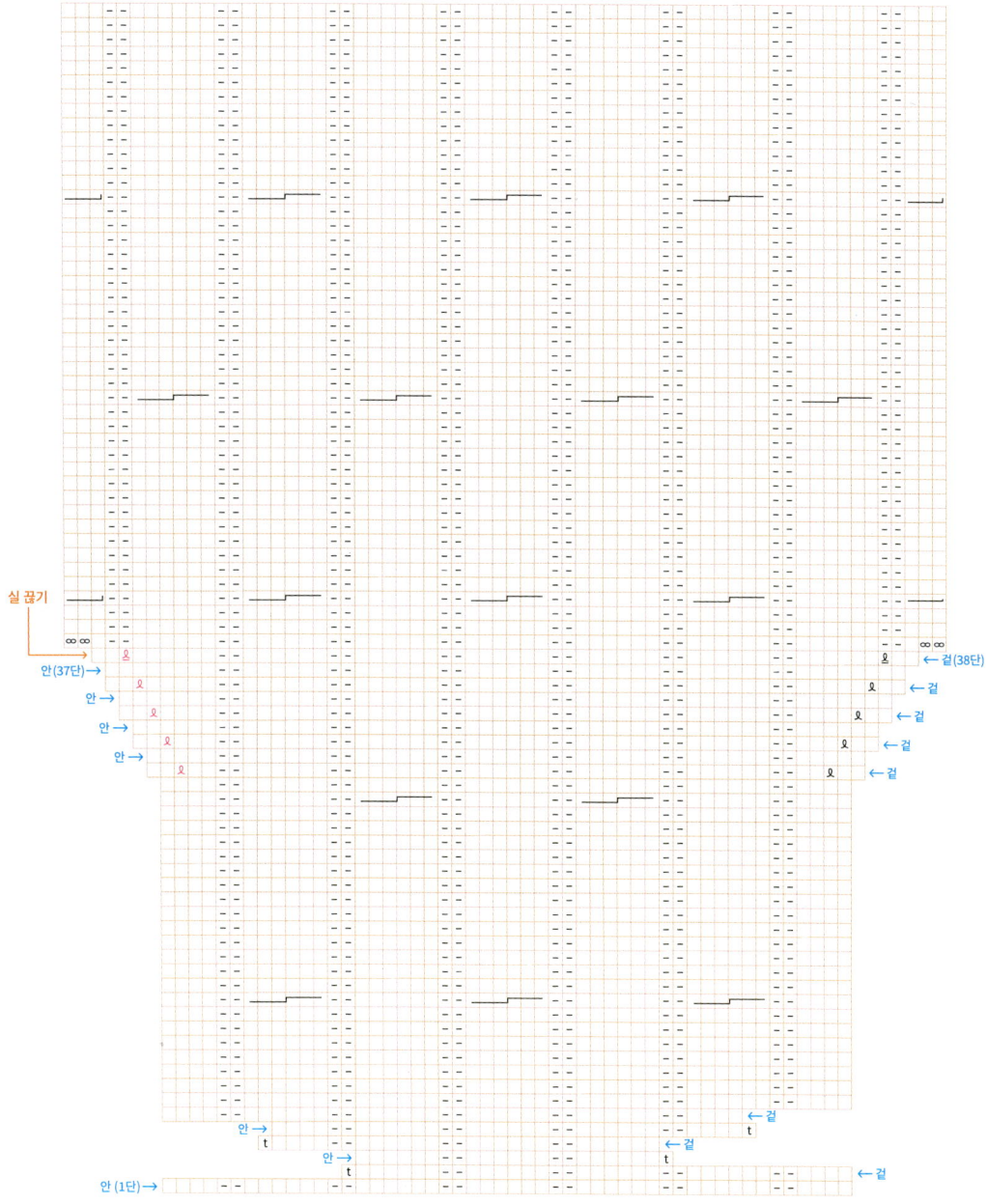

10세 사이즈 소매

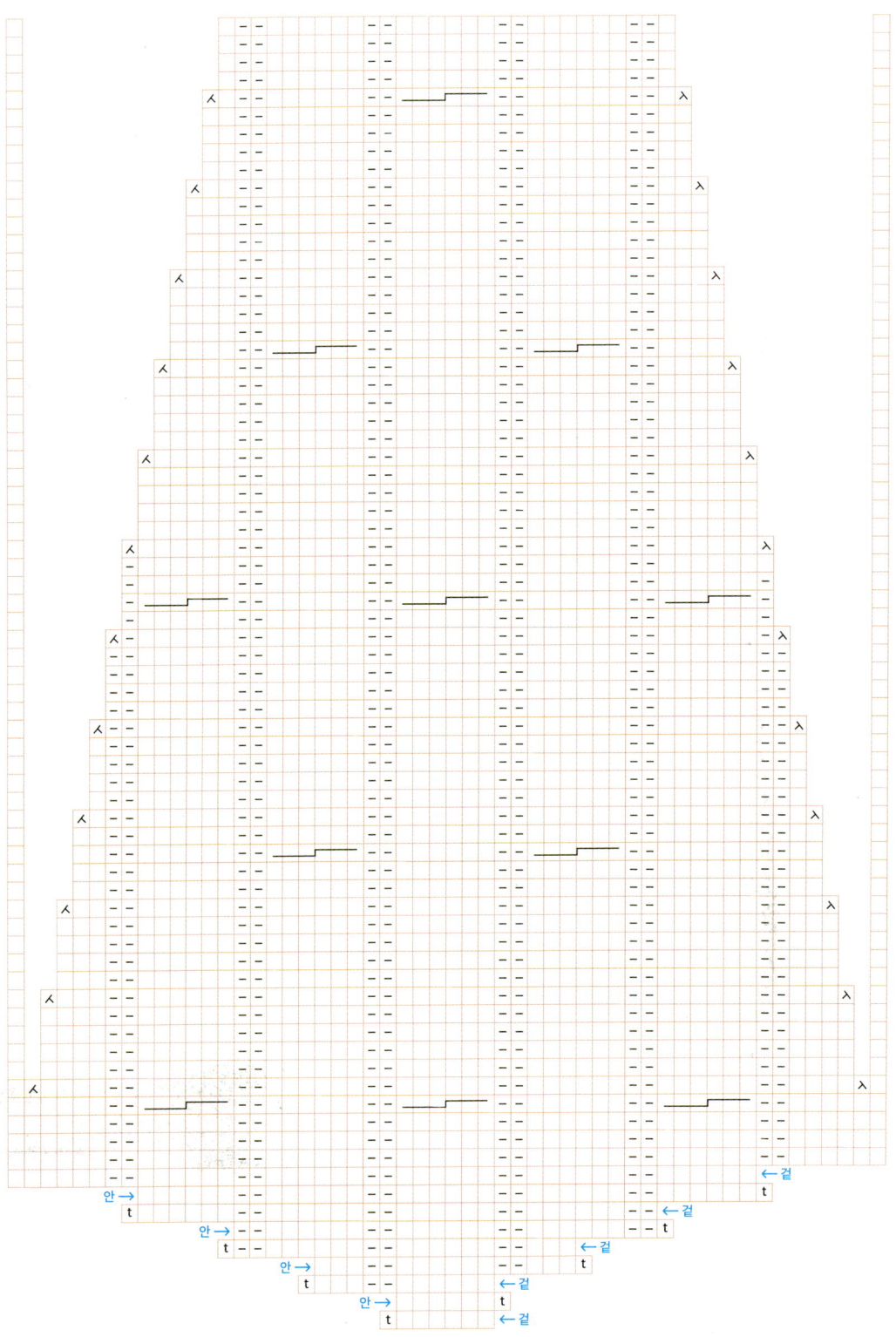

M 사이즈 앞판

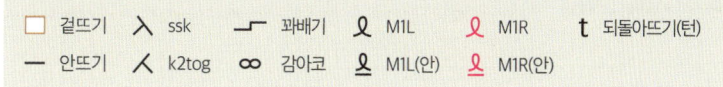

왼쪽 어깨 　　　　　　　　　　오른쪽 어깨

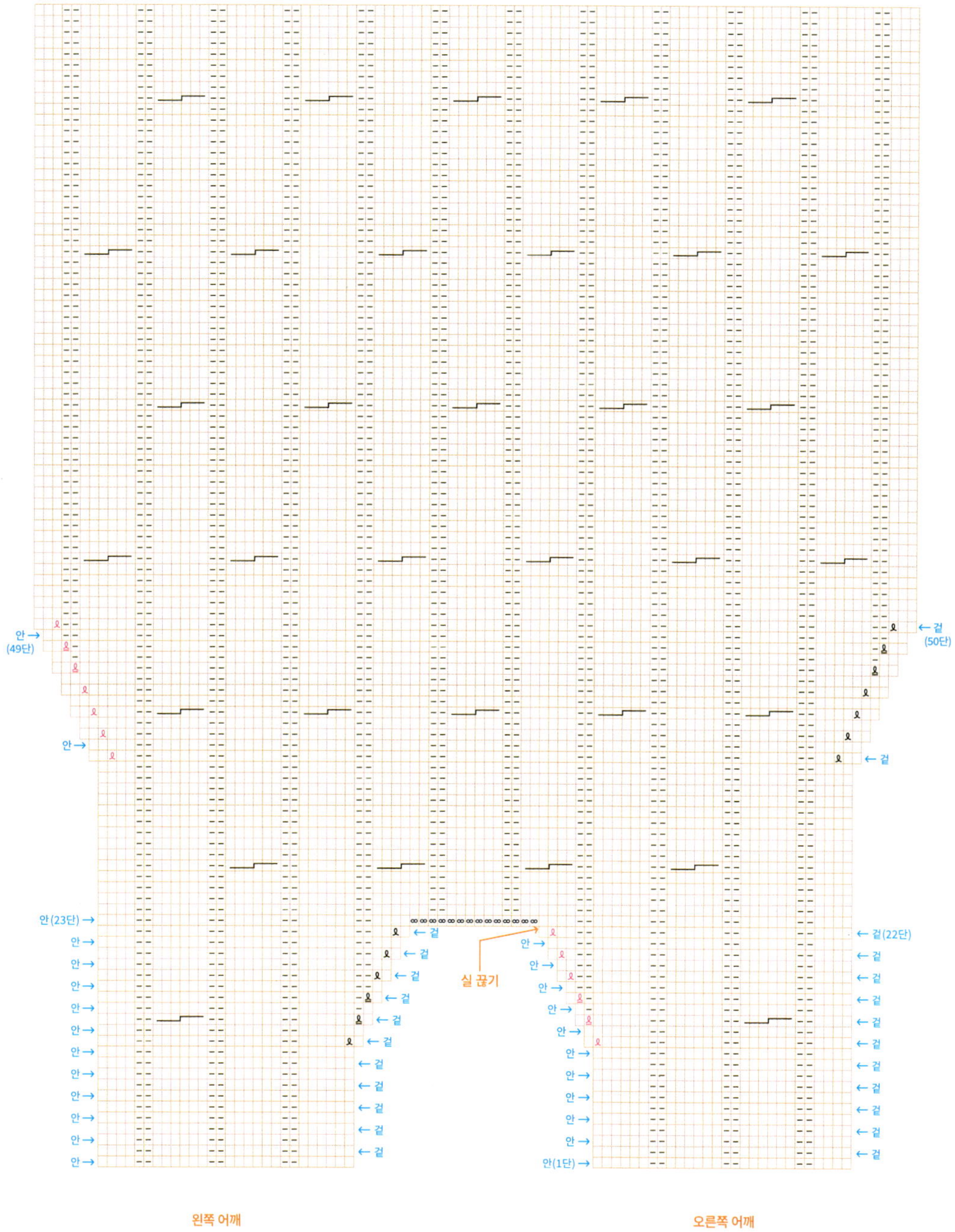

도안 읽는 방향 겉면 ← / 안면 →

M 사이즈 뒤판

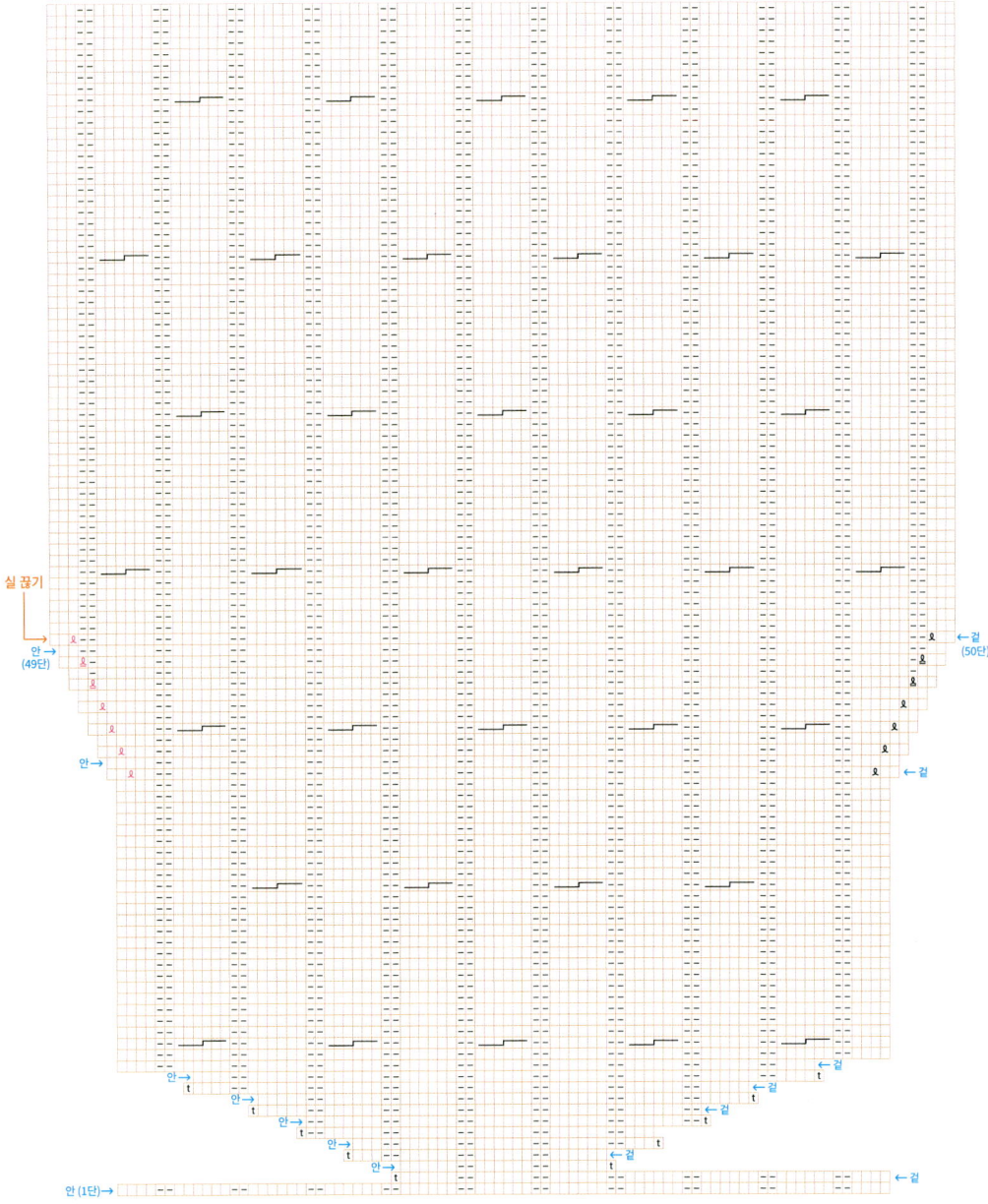

M 사이즈 소매

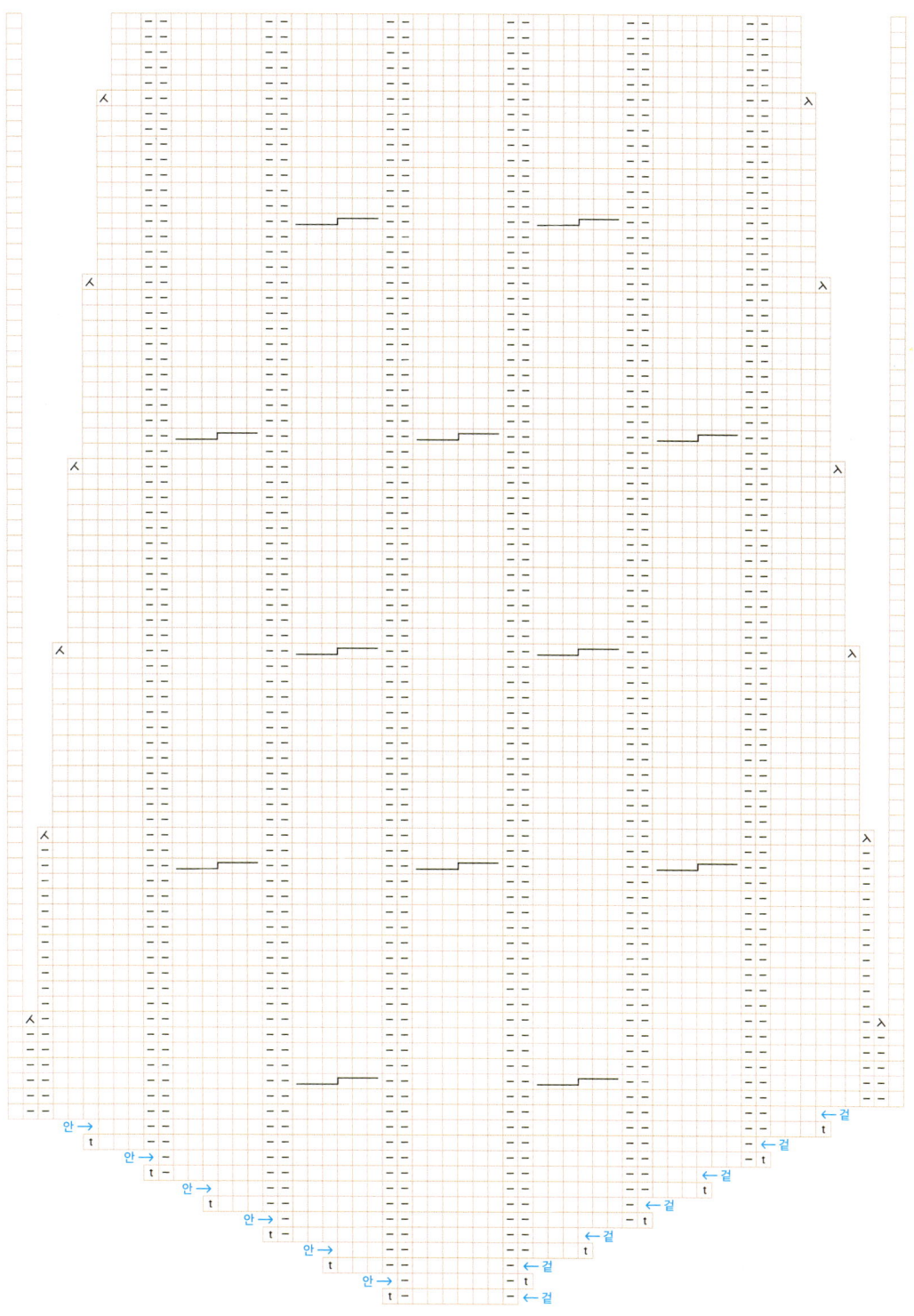

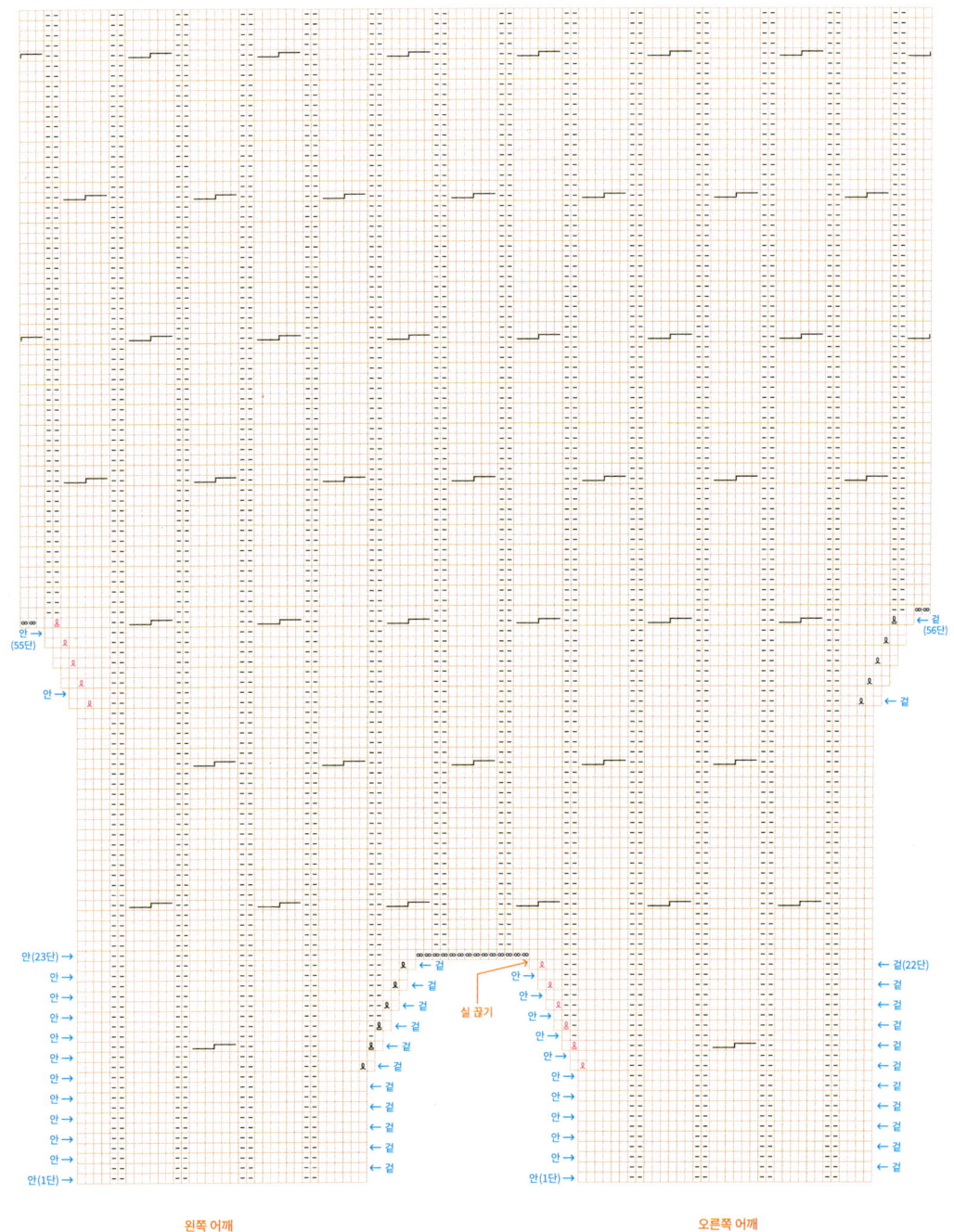

2XL 사이즈 뒤판

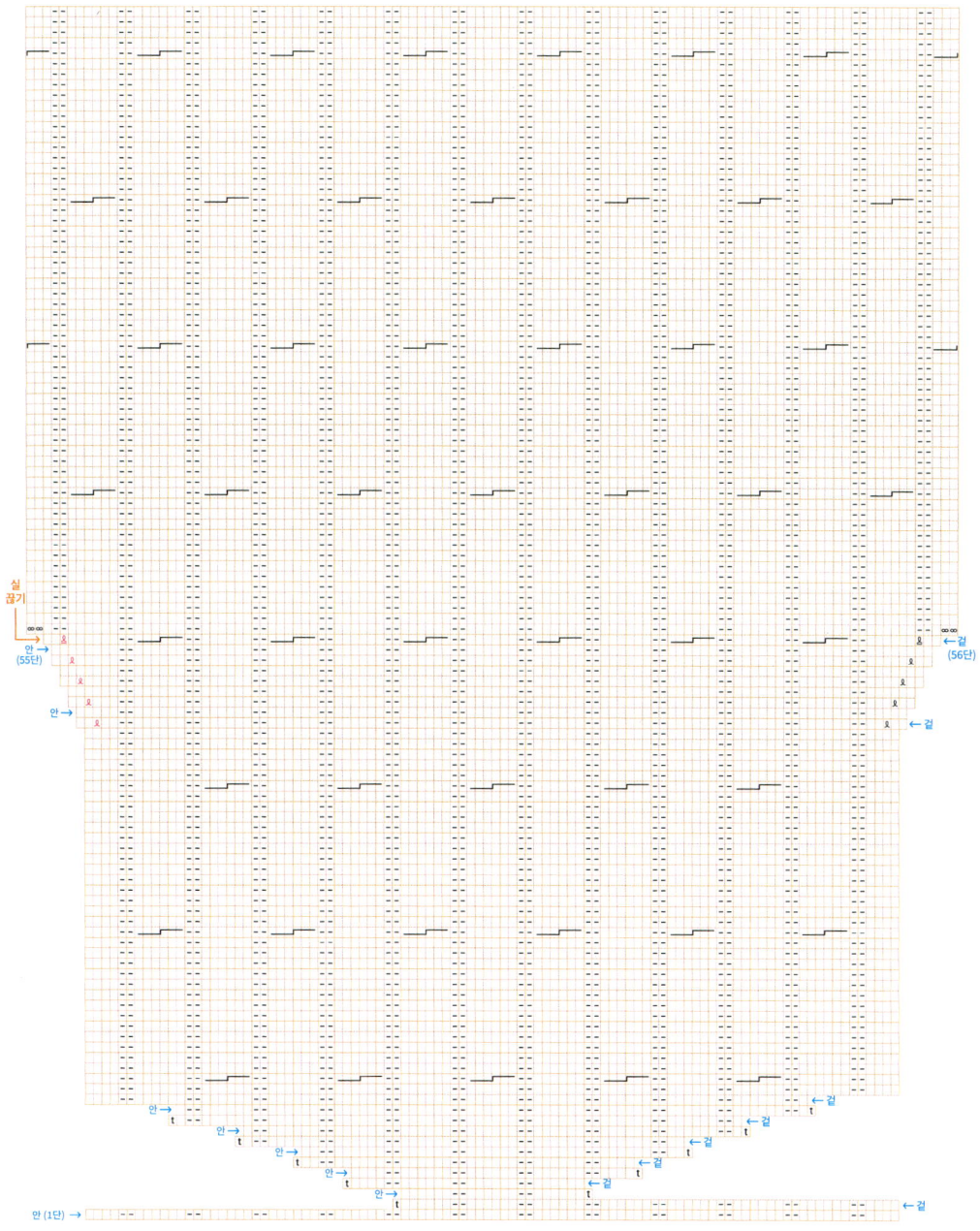

2XL 사이즈 소매

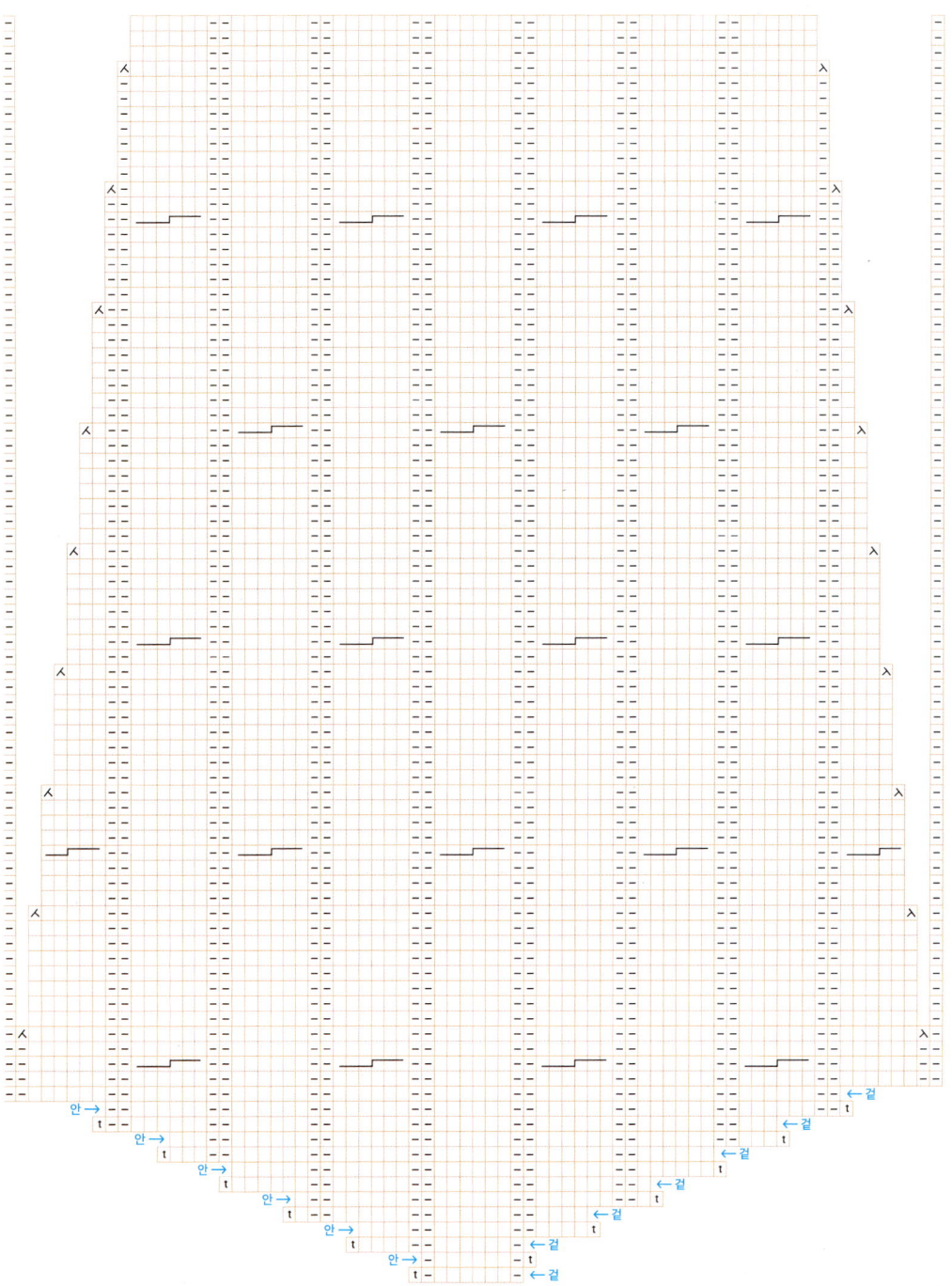

부록 2

코튼 미니콘 꽈배기 바텀업 스웨터 기호 도안
(M, L 사이즈)

M 사이즈 앞판

□ 겉뜨기 / — 안뜨기 / ssk / k2tog / 꽈배기 / ● 코막음 / M1L / M1L(안) / t 되돌아뜨기(턴)

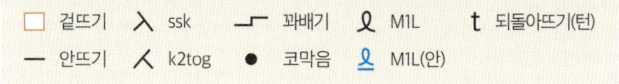

새 실 거는 위치,
안면부터 시작

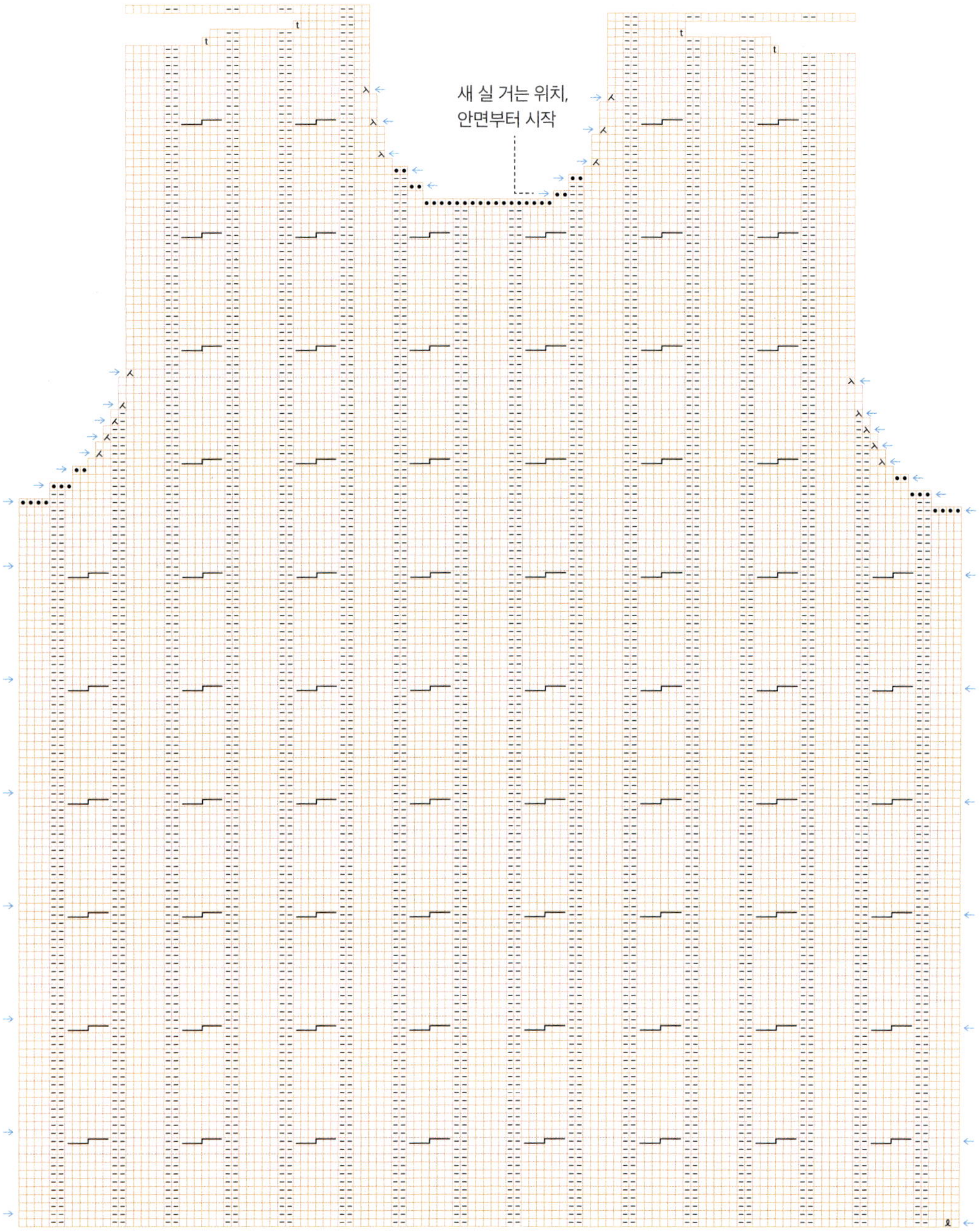

* 줄임, 코막음, 양쪽 어깨는 원래 한 단 차이가 납니다.

** 무늬 시작 콧수: 123코(고무단 시작 콧수: 122코)

도안 읽는 방향 겉면← / 안면→

❦ M 사이즈 뒤판

* 줄임, 코막음, 양쪽 어깨는 원래 한 단 차이가 납니다.
** 무늬 시작 콧수: 123코(고무단 시작 콧수: 122코)

M 사이즈 소매(반팔)

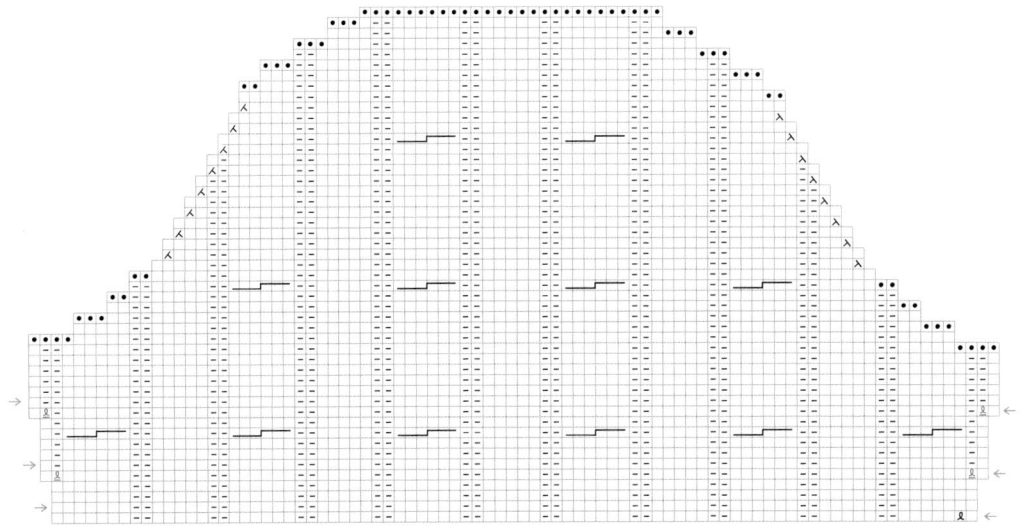

* 줄임, 코막음, 양쪽 어깨는 원래 한 단 차이가 납니다.
** 무늬 시작 콧수: 82코(고무단 시작 콧수: 81코)

M 사이즈 소매(긴팔)

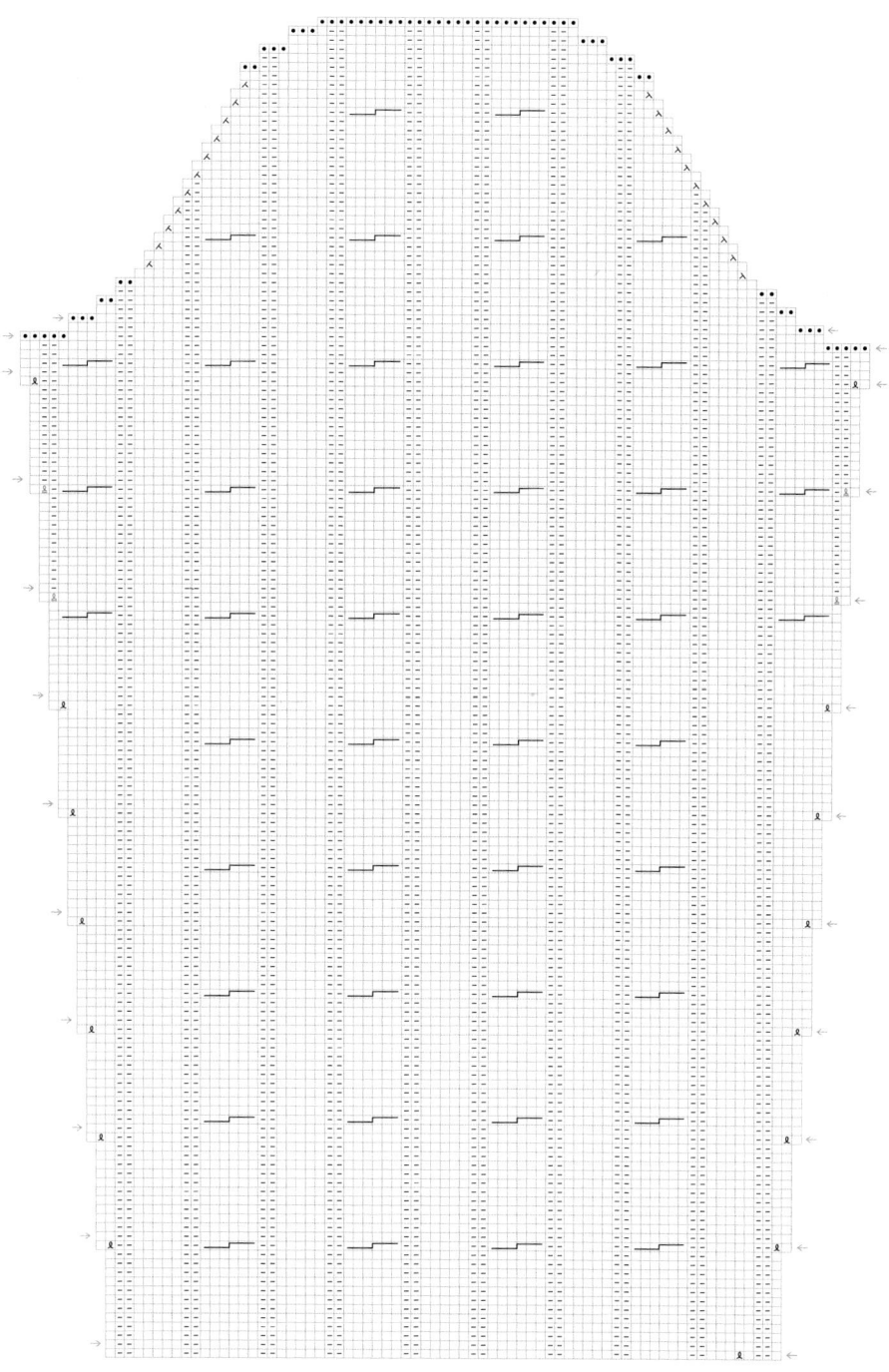

* 줄임, 코막음, 양쪽 어깨는 원래 한 단 차이가 납니다.
** 무늬 시작 콧수: 71코(고무단 시작 콧수: 70코)

L 사이즈 앞판

□ 겉뜨기　⅄ ssk　꽈배기　M1L　t 되돌아뜨기(턴)
— 안뜨기　k2tog　● 코막음　M1L(안)

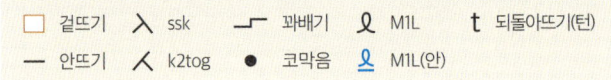

새 실 거는 위치,
안면부터 시작

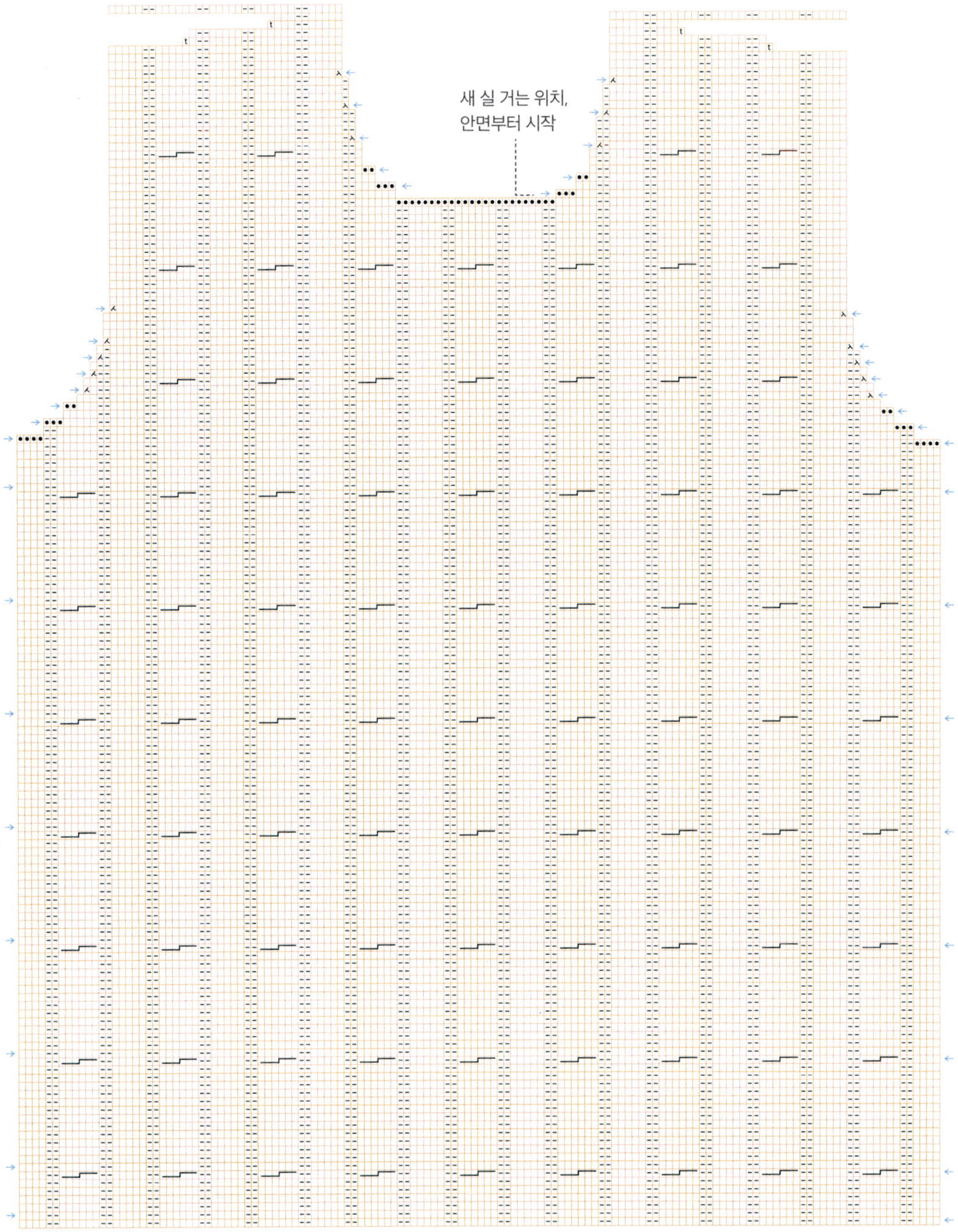

* 줄임, 코막음, 양쪽 어깨는 원래 한 단 차이가 납니다.
** 무늬 시작 콧수: 138코(고무단 시작 콧수: 138코)

도안 읽는 방향 겉면← / 안면→

L 사이즈 뒤판

* 줄임, 코막음, 양쪽 어깨는 원래 한 단 차이가 납니다.
** 무늬 시작 콧수: 138코(고무단 시작 콧수: 138코)

L 사이즈 소매(반팔)

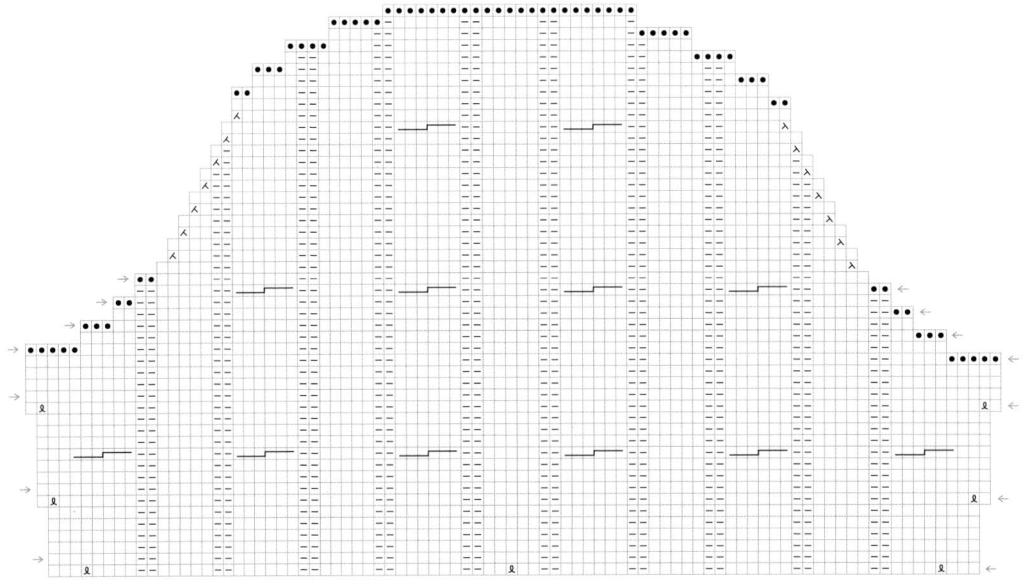

* 줄임, 코막음, 양쪽 어깨는 원래 한 단 차이가 납니다.
** 무늬 시작 콧수: 82코(고무단 시작 콧수: 82코)

L 사이즈 소매(긴팔)

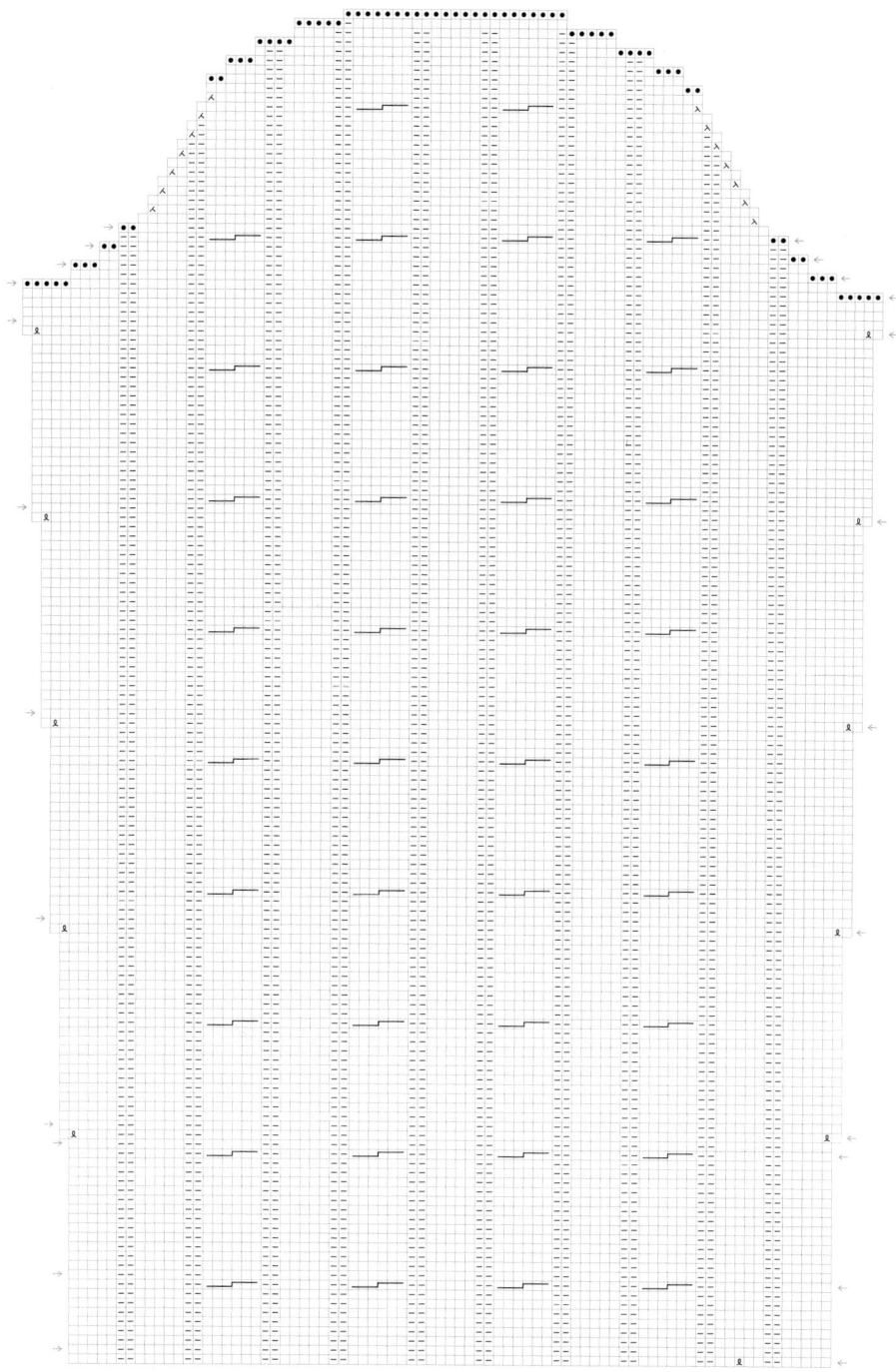

* 줄임, 코막음, 양쪽 어깨는 원래 한 단 차이가 납니다.
** 무늬 시작 콧수: 79코(고무단 시작 콧수: 78코)

김대리의 쉽게 뜨는 요즘 니트

초판 1쇄 발행 2021년 12월 15일
초판 13쇄 발행 2025년 8월 14일

지은이 바늘이야기 김대리

발행인 윤승현 **단행본사업본부장** 신동해 **편집장** 김경림
디자인 프롬디자인 **사진** 김다빈 **의상** sozae
마케팅 최혜진 **홍보** 반여진 허지호 송임선
국제업무 김은정 김지민 **제작** 정석훈

브랜드 웅진리빙하우스
주소 경기도 파주시 회동길 20 ㈜웅진씽크빅
문의 전화 031-956-7213(편집) 031-956-7567(마케팅)
홈페이지 www.wjbooks.co.kr
인스타그램 www.instagram.com/woongjin_readers
페이스북 https://www.facebook.com/woongjinreaders
블로그 blog.naver.com/wj_booking

발행처 ㈜웅진씽크빅 **출판신고** 1980년 3월 29일 제 406-2007-000046호

© 바늘이야기 김대리, 2021

ISBN 978-89-01-25467-8 (13590)

웅진리빙하우스는 ㈜웅진씽크빅 단행본사업본부의 브랜드입니다.
저작권법에 의해 한국 내에서 보호를 받는 저작물이므로 무단전재와 무단복제를 금합니다.
이 책 내용의 전부 또는 일부를 이용하려면 반드시 저작권자와 ㈜웅진씽크빅의 서면 동의를 받아야 합니다.

* 잘못 만들어진 책은 구입하신 곳에서 바꿔드립니다.
* 책값은 뒤표지에 있습니다.